若者たちの
コミュニケーション・
サバイバル

——親密さのゆくえ——

岩田　考・
羽渕一代・
菊池裕生・
苫米地伸
編

Communication Survival

はじめに

1. カラオケボックスからケータイへ

　一人が歌い，他の人が曲を探し，また別の人が映像をぼんやりと眺めている．その脇では，お酒を飲んだり，隣の人と小声で話をしていたりする．1990年代にみられた，カラオケを楽しむ若者たちのありふれた光景だ．「みんなでいても，それぞれの思いとふるまい．それでいて，みんなといることは崩さないし，〈みんな〉という演出が欲しい．個人主義とも集団主義ともいえない，あいまいな雰囲気に満ちた世界」．社会学者の藤村正之は，このような状況を〈みんなぼっち〉と名付け，90年代の若者の親密性の特徴を巧みに描いてみせた（藤村1999）．

　しかし，現在，そのような光景がみられたカラオケ自体の衰退が指摘されている[*1]．とくに，若者があまりカラオケに行かなくなったといわれる．そして，カラオケの衰退に反比例するかのように爆発的に普及したのが，ケータイとインターネットである．カラオケボックスでも，他の人が歌うなか，ケータイでメールを無心に打つ若者の姿を目にすることは珍しくない．同じ空間にいながらも会話がないという状況は同じなのだが，そこには何か違いがあるように思われる．若者たちは，〈みんなぼっち〉という関係を築きつつも，他方でその空間には存在しない他者との関係を確保する．

　旅行について話している若者をみていても，同じような人間関係の変化を感じることがある．現在でも卒業旅行をする若者は多いのだが，彼／彼女らを観察していると，旅行に先駆けて，どのような準備をするかという話題で既に盛り上がっている．そのような会話のなかで，「向こうに行ったら，ケータイつながらないんだよ～．信じられる？」という台詞を耳にすることがある．旅行など，非日常を楽しみに行くもののように思うのだが，そこまでして日常的なつながりを保ちたいのかぁ，と感心してしまう．

　これらのケータイをめぐる行動は，「いつでも仲間を携帯しておきたい」という若者の心理の表れと解釈することが可能なように思われる．さらにその背後に，若者の他者に対する現代的な感覚を見いだすのは，少々乱暴であろうか．それは，自己の都合で他者を便利に利用できるという感覚，私物化された他者，

もしくはコンビニエント・アザーとも呼びうる他者に対する感覚である．このような感覚は，ケータイをめぐる行動だけにみられるわけではない．2000年代に盛んに取り上げられた若者をめぐる新奇な現象は，インターネットと関連したものも多い．その多くで他者に対する似た感覚をみてとれる．

例えば，フラッシュモブ*2やいわゆるネット心中などがそうだ．これらの現象において若者たちは，日常空間に祭りや死といった非日常的な状況をつくりだすことで，ある種の共同性を生みだしている．そのような非日常的な状況には，旧来の冠婚葬祭とは異なる側面がある．これまで，なんらかの共同性を確保するためには，共同体内部における日常的な「つきあい」が必要と考えられてきた．しかし，技術の発展は匿名的な関係においても共同性を一時的に創出することを可能にした．人々は，自分の都合のよいときだけ，共同性や他者との一体感を求めて集まることができるようになったのである．

2．コミュニケーション・サバイバル

さらに，「いつでも仲間を携帯しておきたい」という若者の心理は，若者の人間関係の異なる側面をも照らし出す．

高校生の生活を眺めていると，マスメディアに映し出されるその姿とは異なり，型どおりの生活を送っている者が少なくないことに驚く．朝，きちんと起きて登校し，1日の大部分を学校で過ごし，夕方になれば自宅へ帰ってくる．そのため，人間関係が思いのほか狭く濃密な場合も多い．高校生の生活における学校の比重が低下したという指摘もあるが，家族や学校での関係が人間関係のほとんどを占める場合もある．

そのような狭く濃密な人間関係のなかで，対人関係上の問題が生じると，面倒なことになる．その典型はいじめであるが，そうした極端な状況を考えずとも，若者の人間関係はかなり難しい．日常的なやりとりのなかにも，からかいや中傷が微妙なバランスで織り交ぜられている．若者のコミュニケーションにみられる残酷さは，おそらく今に始まったことではない．しかし，そうしたコミュニケーションへの対処法が，とにかくややこしくなっている．

例えば，仲間内でコンセンサスがつくられ，予防線が張りめぐらされている．仲間と同じケータイの会社に加入しておく．みんなと同じ制服を着て，同じよ

うな着崩し方をする．同じ音楽を聴いておく．同じ漫画を読む．もちろん若者自身が，常にいじめられないようにと意識して行動しているわけではないだろう．しかし，インタビューなど調査という非日常的な状況においても，このような行動にしばしば出くわす．

また，彼／彼女らは，仲間内のコンセンサスをはずしていないかどうかを，携帯メールで絶え間なくチェックするようになっている．いわゆる「はずした」行動をとれば，すぐさま仲間の態度が変わることはよくわかっており，対処しなければならないからである．このような24時間アクセス可能であり，親しい限られた人間とメディアを介してコンタクトをとり続ける集団は，フルタイム・インティメイト・コミュニティと呼ばれている（仲島ほか 1999）．いつでも仲間を携帯するのは，サバイバルのための手段でもあるのだ．

しかし，急いで付け加えておかなければならないのは，ケータイがこのような狭く濃密な関係を生き抜くサバイバルのための手段を提供するだけではないということだ．他方で，ケータイ，そしてインターネットなど新しいメディアは，人間関係の多チャンネル化を徐々にではあるが促している．先に述べたフラッシュモブやネット心中は，そのことを傍証するものといえる．

そして，狭く濃密な関係の外にいる人との関係は，異なるコミュケーション・スキルを要求する．というのも，狭く濃密な関係とは異なり，コミュニケーションの前提となるようなルールの共有がなされていないからである．メディア環境が大きく変容するなかで，若者たちに求められるコミュケーション・スキルは多様化し，その水準はますます高度化していくことが予想されるのである．

3. 青少年問題の変容

ところで，これまでの青少年研究において，その最も中心的な課題は，都市化という日本社会の変容のなかで，いかにして青少年を育成していくかということにあった．都市的な人間関係，つまり匿名的な人間関係が増大するとき，社会集団をどのように維持できるのか，そして次世代にどのような社会化を施すことが可能なのか，という問題である．

日本では，1970年代に大都市圏への人口流入がピークとなり，整備された

はじめに

交通網によって移動空間が全国規模に拡大し，都市的な生活様式が全国に浸透していった（高橋 2005）．多くの人々が，それまでとはまったく異なる都市的な生活を送るようになったのである．このとき，これまでどおりのやり方で子育てをすることができなくなった人々の不安や実質的な困難が，青少年問題を成立させたといってもよい．青少年問題が頻繁に口にされるようになるのは，この頃に生まれた子どもたちが思春期をむかえる 80 年代のことである．実際，青少年犯罪発生率のピークの 1 つはこの時期にある．

そして現在，90 年代後半から 2000 年代前半にかけて，さらなる転換期をむかえている．先に見たケータイの普及に象徴されるようなメディア環境の変容である．日本では韓国や米国とは異なり，この時期のメディア革命は，高価で重厚なパソコン・インターネットからではなく，ポケベルを誘い水としたケータイという非常に安くて小さなメディアから始まった．

このケータイをいつから利用するかという問題は，親子の重大な駆け引きのネタになっている．安くなったとはいってもケータイは，まだ高価なモノである．さらに利用料もかかる．子どもたちは，様々な手練手管を用いて親を説得しようと試みることになる．他方，親や教師は，新しいメディアを前に途方に暮れている．利用したことのないメディアが突然普及し，大人自身も使い方を教えてもらわないと利用できない状況におかれているのだ．それにもかかわらず，子どもたちにメディアリテラシー教育を行なわなくてはならない．

また，大人たちは，子どもたちの人間関係の管理についても神経質にならざるをえない．とくにケータイは究極のパーソナルメディアであり，親は通信の相手をチェックすることができないからだ．逆に若者にとっては，これほど便利な代物はない．親からの自立を意識するこの時期に，親の目の届かない人間関係を手軽に手に入れることができるのだから．

都市化は見知らぬ人との接触の増大という課題を私たちに突きつけた．メディア環境の変容は，この課題をさらに深化させ，そして変容させている．見知らぬ人との接触は，電子ネットワーク上に広がりをみせている．このような状況を念頭におきつつ，現代の若者における人間関係や親密性とはどのようなものなのか，ということを網羅的に観察・分析してみるのが本書の狙いである．

4. 本書の構成とデータ

前節まで，90年代を通じて，メディア環境の変容とともに若者のコミュニケーションや親密性のありように変化がみられるのではないか，ということを述べてきた．本書の各章では，このような点について，東京と神戸で行なった調査をもとにして考察を行なっている．友人関係，恋愛関係，家族関係という親密性の各領域を網羅的に取り上げ，さらにメディア利用との関連を検討する，という構成になっている．

第1部「若者たちの現在」では，若者にとって最も重要な他者である友人との関係を取り上げ，若者のコミュニケーションや親密性の特徴について，見取り図を与えるような議論を試みている．第2部「若者たちの生き残り戦略」は，第1部で示されたコミュニケーションや親密性のありようを，整形とひきこもりという観点から詳細に描き出している．第3部「親密な他者としての恋人・家族」は，若者にとって友人とともに重要な他者である恋人や家族との関係から，親密性の異なる側面を浮かび上がらせている．第4部「メディアと親密性の変容」では，新たなメディアの利用が親密性のありようにいかなる変化をもたらしうるのかについて，挑戦的な議論を試みている．また，各部の間には，本書をリアリティをもって理解していただくためのコラムを用意した．

本書で主に用いられるデータは，文部科学省科学研究費・基盤研究 (A)(1)「都市的ライフスタイルの浸透と青年文化の変容に関する社会学的分析」【平成13〜15年度，研究代表者：高橋勇悦】から得られたものである．調査対象は，2002年9月時点に二段抽出法によってサンプリングされた東京都杉並区と兵庫県灘区・東灘区に住む16歳から29歳までの男女である．調査手法は，訪問留置法の定量調査となっている．東京地区，関西地区それぞれに1000票（計2000票）の計画サンプルに対して，有効回収票はそれぞれ550票（計1100票）であり，有効回収率は55.0％であった[*3]．

この調査設計は，青少年研究会（実査時研究代表者：高橋勇悦）が行なったものであり，1992年から93年にかけて行なわれた「都市と世代文化に関する実証的研究」との比較調査としても位置づけられる．前回調査は，同地区の同じ年齢層を対象に実施されたものである．ただし，前回調査では郵送法が採用されており，回収票は1114票と同程度であるが，回収率は22.1％とかなり低

い．二時点間を比較する場合には，この点に留意する必要がある．なお，前回調査の詳細については，高橋勇悦監修，川崎賢一・小川博司・芳賀学編1995『都市青年の意識と行動―若者たちの東京・神戸90's・分析編』（恒星社厚生閣），および富田英典・藤村正之編1999『みんなぼっちの世界―若者たちの東京・神戸90's・展開編』（同）を参照していただきたい．

　本書は，執筆者が調査データから触発された視点に基づいて執筆された後者の続篇としての意味あいが強い．本書も今回の調査結果の全容を示したものではなく，各執筆者が行なってきた詳細な定性調査や他の定量調査の結果なども踏まえ，若者のコミュニケーションや親密性ついて自由に論を展開したものである．

　　2006年1月

　　　　　　　　　　　　　　　　　　　　　　　　　岩田考・羽渕一代

参考文献

藤村正之，1999，「〈みんなぼっち〉の世界」富田英典・藤村正之編『みんなぼっちの世界―若者たちの東京・神戸90's・展開編』恒星社厚生閣．
仲島一朗・姫野桂一・吉井博明，1999，「移動電話の普及とその社会的意味」『情報通信学会誌』(16:3)．
ぴあ総研，2005，『エンタテインメント白書【2005】』ぴあ総合研究所．
高橋勇悦，2005，『東京人の横顔―大都市の日本人―』恒星社厚生閣．

[*1] 全国カラオケ事業者協会によれば，1996年をピークにカラオケ参加人口は減少している（ぴあ総研2005）．
[*2] インターネットを通じて広く呼びかけられた群集が公共の場に集まり，あらかじめ申し合わせた行動をとる即興的な集会のこと．
[*3] 本書では東京・関西両地区のデータを単純に合算して分析を行なっている．これは厳密に言えば統計学的な精密さを欠くのであるが，分析のわかりやすさを優先してこのような方法を採用した．また，分析結果を示した図表中の検定欄のアスタリスクは，有意水準を示している．＊は5％水準，＊＊は1％水準を意味する．また，n.s.（no significance）は，5％水準で有意でないことを表している．

目　次

第1部　若者たちの現在

第1章　多元化する自己のコミュニケーション
――動物化とコミュニケーション・サバイバル――………岩田　考………3

1. 〈私〉の現在（3）　2. 自己と他者（4）　3. 多元的自己のコミュニケーション（7）
4. 動物化とコミュニケーション・サバイバル（12）

第2章　「自由市場化」する友人関係
――友人関係の総合的アプローチに向けて――……………辻　　泉………17

1. 若者の友人関係は，なぜ理解しにくいのか？（17）　2. 若者の友人関係へのアプローチ――「なかみ」と「しくみ」の総合的理解へ（19）　3. これから，若者の友人関係はどうなるのか？（25）

columnⅠ　「自分らしさ」って，なに？
――杉並・神戸に住む若者たちの声から――…………菊池裕生………31

1. 「自分らしさ」とは他人との"違い"でしかない（!?）（31）　2. 「自分らしさ」とは「ポジティヴな自分」（!?）（32）　3. 「自分らしさ」とは「ネガティヴな自分」（!?）（32）　4. 「自分らしさ」なんて「ない」（!?）（33）　5. 「自分らしさ」のジレンマ（34）

第2部　若者たちの生き残り戦略

第3章　なぜあなたは身体を変えたいの？
――コミュニケーション・メディアとしての身体と若者――……菊池裕生………39

1. はじめに（39）　2. 身体改造を社会学する意味（40）　3. 美容整形を望む若者たちの特性（44）　4. 小括――社会関係，「私」，そして身体（49）

第4章　ひきこもる若者たちの自己防衛戦略……………石川良子………53

1. はじめに（53）　2. 「ひきこもり」とは何か（54）　3. 自己防衛戦略としての「ひきこもり」（56）　4. ひきこもる若者たちの自己防衛戦略（59）
5. おわりに（65）

columnⅡ　「ひきこもり」的日常の1コマ　………………石川良子………69

第3部　親密な他者としての恋人・家族

第5章　青年の恋愛アノミー……………………………………羽渕一代………77
1. はじめに（77）　2. 恋愛＋結婚（78）　3. 現代青年の恋人交際（80）
4. 語られる恋愛・分析される恋愛（85）　5. 出会いの文化の変容（85）
6. 食傷気味な恋愛と未婚化（89）

第6章　脱青年期と親子関係………………………………苫米地　伸………91
1. はじめに（91）　2. ライフコースと親子関係（92）　3. 脱青年期の諸議論（93）
4. 2002年における脱青年期の若者たちの姿（96）　5. まとめ（103）

column Ⅲ　変わらないメディア時間・新たなメディア時間
………………………………………………………羽渕一代……105

第4部　メディアと親密性の変容

第7章　メディア・コミュニケーションにおける親密な関係の築き方
――パソコン通信からインターネットの時代へ――………福重　清……117
1. メディア・コミュニケーションをめぐる2つの視線（117）　2. 親密な関係と親密感，信頼（122）　3. メディア空間における親密な関係の築き方―「パソコン通信」の一事例から（125）　4. 今日のメディア・コミュニケーションの位相と残された課題（131）

第8章　インターネット社会の恋愛関係
――「複合現実社会」における親密性と匿名性――………富田英典……135
1. はじめに：部屋の扉を開いて（135）　2.「恋するネット」の拡大（136）
3. 親密性の変容と「ネット恋愛」（140）　4. アニメ声優と「ネット恋愛」（141）
5.「複合現実社会」における「ネット恋愛」（143）　6. おわりに（146）

column Ⅳ　新　どっちの要因ショー
―経済的に成功するための重要な条件とは？―
………………………………………ハマジ・マツアリーノ・Jr……149
1. はじめに（149）　2. 成功要因の4類型（149）　3. 重要な条件（150）
4. 新　どっちの要因ショー；努力優先派 vs 才能優先派（151）　5. サポーター登場（152）　6. 社会観って（152）　7. 自己意識って（154）
8. ハーフタイムショー；紅茶とシフォンケーキでもいかがですか？（156）
9. 友人関係って（157）　10. おわりに（161）　補．そんな私もサバイバル（161）

第 1 部

若者たちの現在

多元化する自己のコミュニケーション
―動物化とコミュニケーション・サバイバル―

第 1 章

岩田　考

1．〈私〉の現在

　泣きながら一気に読みました.

　これは，片山恭一の小説『世界の中心で，愛をさけぶ』（小学館）の帯につけられた女優の柴咲コウのコピーである．この小説は300万部以上もの売り上げを記録し，映画化やドラマ化もされ，セカチュウ現象と呼ばれるブームまで巻き起こした．

　小説を評価する能力が筆者にあるわけではない．それでもしばしば指摘されるように，その設定は美少女が白血病に冒されるという非常に「ベタ」なものである．それでは，なぜこの小説が売れたのだろうか．その理由をここで確定することはできないが，1つに「確実に泣ける」ということが，このコピーによって示されたことがあるのかもしれない．

図1・1　小説『世界の中心で，愛をさけぶ』（小学館, 2001）

　精神科医の香山リカ（2002）は，このような「泣ける物語」を求めて本を読み，映画を観るというような傾向が若者を中心に広がっていることを自らの臨床経験から指摘している．「泣かなければ自分が何者かわからなくなってしまう」という危機感があり，ほんの些細な事柄に対しても条件反射的に「泣く」ことによって自己を確認しているというのだ．

　このような傾向が若者一般にどれほど広まっているのかについては留保が必要である．2002年のわれわれの調査では，「感動して泣くためにビデオやマン

3

ガなどのあるシーンをくり返し見る」がことあると回答したのは約25％であった．

しかし，状況をかなり限定した質問であり，25％という割合は必ずしも低いとはいえないかもしれない．香山の指摘のように，現在の若者の「私」というものは，本当に喪失の危機に瀕し，不確かなものになっているのであろうか．

2．自己と他者
2-1．社会学における自己と他者

ところで，この本は若者の「人間関係」についての本のはずなのに，なぜ「私」が問題なのか，と思われた方もいるかもしれない．それは，社会学において，自己と他者との関係が不可分なものとされているからである．つまり，自己とは，「他の個人との関係形成の結果として」（Mead 1934＝1973:146）構築されるものと考えられているのだ．他者との関係が変われば，それに応じて自己も変化していく．したがって，社会学的には，今日の若者の「私」のありように，今日の若者の「人間関係の特質」が映し出されると考えられるのである．

他者との関係性の変化に伴う自己の変容に関する指摘は，社会学の基礎を築いたG．ジンメルにまで遡ることができる．ジンメル（1908＝1994：21-22）は，近代化に伴って多元的な所属が進展するとともに，多元的関係を統御する主体として近代的な自己が生成されるとした．しかし，関係の多様性がそれを貫く同一性を維持し得る地点を超え社会が複雑化するにつれて，自己の流動化・多元化が議論されるようになる．若者論でこうした事態は，E．H．エリクソン（1968＝1982）の言うアイデンティティの拡散や，それと相関した人間関係の希薄化という観点から，しばしば否定的に語られてきた．

しかしながら社会学では，流動化・多元化した自己こそが，変化が常態と化すような現代において，適合的な自己のあり方だとする議論も多い．古くは，R．J．リフトン（1967＝1971）の「プロテウス的人間」という指摘がある．これは，変転万化の現代社会において状況に応じて変身を重ね適応する人間像を，変幻自在のギリシャの神プロテウスになぞらえたものである．確定的なアイデンティティをもたないことは，病的なのではなく，むしろ流動的な現代社

会に適合するスタイルなのだ，と指摘したのである．
　近年でも，自己を流動的なものとして捉える議論は多い．A．ギデンズ（Giddens 1991）は，近代の特質として「再帰性」という点に着目している．再帰性とは，行為が絶えず反省によって検証され，その特性を自ら変化させていくことである．そして，現代社会においては，自己も絶えず選び直し改訂されるものになるというのである．
　さらに，ギデンズによれば，これと同様にして，親密な関係も「純粋な関係性」と呼ばれるものへと再構築されていくとされる．「純粋な関係性」とは，「社会関係を結ぶというそれだけの目的のために，つまり，互いに相手との結びつきを保つことから得られるもののために社会関係を結び，さらに互いに相手と結びつきを続けたいと思う十分な満足感を互いの関係が生み出していると見なすかぎりにおいて関係を続けていく，そうした状況を指している」（Giddens 1992 ＝ 1995：90）．

2-2．多元的自己と多元的関係

　このような議論にみられる自己の流動化・多元化は，日本の若者にもあてはまるだろうか．そして，それと相関した関係の変容がみられるのであろうか．まずは，これまでなされてきた実証的な調査の結果を見てみることにしよう．
　浅野智彦（1995，1999）は，本研究会が1992年に実施した調査から，若者の自己の多元性を指摘している．まず浅野は，友人とのつきあい方に関して3つの因子を抽出している．そしてその1つである，相手やつきあいの程度に応じて関係のあり方が変化する「状況志向因子」と，多元的な自己との間に相関がみられたという．その多元的な自己とは，「個々の文脈においてそのつどの自分らしさを表現していながら，そしてそのことを大切なことと感じながら，それらの間には必ずしも一貫性が保たれていないような」自己とされる．
　質問紙調査による直接の分析ではないが，実証的な調査に基づく議論として辻大介（1999）の指摘がある．辻は若者の対人関係の希薄化論を批判的に検討し，全面的なつきあい志向の減少と部分的つきあいへの志向の増加という質的な変化から，若者の対人関係の変化を「フリッパー志向」の強まりにみている．フリッパー志向とは，「そのときどきの気分に応じてテレビのチャンネルを手軽に切り替えるように，場面場面にあわせて気軽にスイッチを切り替えら

第1章 多元化する自己のコミュニケーション

れる」ような対人関係の志向を指す.

そうした部分的な人間関係は，同心円状の自我構造を前提とした場合，図1・2の（a）のように，表層的で希薄な対人関係を意味することになり，虚無感と孤独感に彩られた若者像を浮かび上がらせる．しかし，若者を対象としたいくつかの意識調査の経年変化では，虚無感や孤独感に必ずしも高まりはみられない．このような点から，同心円状の自我構造の想定自体を見直す必要があり，「対人関係のフリッパーの自我構造はむしろ，複数の中心をもち複数の円が緩やかに束ねられた」模式図（b）のような成り立ちを予想させるとしている.

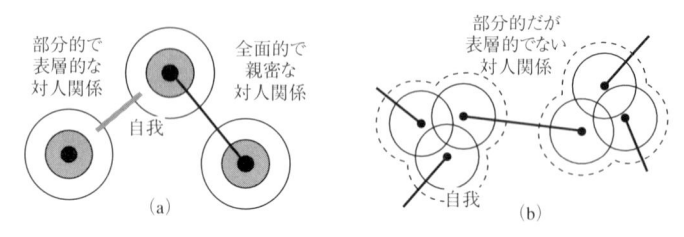

図1・2　自我構造の2つの模式図
出典）辻（1999：23）「若者のコミュニケーションの変容と新しいメディア」より

また，自己の多元化に対しては，否定的な調査結果も示されている．遠藤薫（2000）によれば，1997年に実施した日米の大学生を対象とした調査で，「その場その場で自分らしくなれる」と回答した日本の大学生は11.26％であり（アメリカ6.34％），「多数的アイデンティティ」がそれほど広範囲に自覚されているわけではないとされる.

しかしながら他方で遠藤は，近年急速に普及したCMC（Computer-Mediated Communication）への適応性と「多数的アイデンティティ」との相関関係を示唆している．CMCの利用別にみると，利用者は「その場その場で自分らしくなれる」者の割合が相対的に高くなっている．また，この結果と，利用者が「あらかじめ定められた集団への帰属よりも，選択的に自発的に作り上げていく集団を好む傾向」をもとに，「多数的アイデンティティ」を「不安定な自己像」と結びつけることの不適切さも指摘している.

筆者も，高校生や大学生を対象としたいくつかの調査において，友人関係の多元性と自己の多元性とに関連がみられることを明らかにしている（岩田

2000など).また,遠藤の後者の指摘と重なり合う結果もみられた.それは,多元的な自己意識と,いわゆる自己拡散で指摘されるような孤独感や虚無感などネガティヴとされるような意識との関連が限定的なものでしかないということである.多元化した自己の中に偽りの自分を見出さず,いずれも本当の自分とする場合には,孤独感や虚無感を感じる割合が低くなっていた.

3. 多元的自己のコミュニケーション
3-1. 状況化する自己

前節でみた調査結果は,いずれも今日の若者の自己意識を議論していくうえで興味深いものである.しかし,既存調査の集計に基づく辻の議論以外は一時点の調査結果に基づくものであり,変化については何も明らかにしていない.そこで,本研究が行なった1992年と2002年の調査から近年の変化ついてみてみよう.残念ながら,友人とのつきあい方に関する質問項目が変更されているため,浅野と同じ分析をすることはできない.ここでは,2つの調査に共通する項目の二時点間比較を行ない検討することにしよう.

表1·1を見ると,最も大きな変化をみせているのは,自己の「一貫性志向」(どんな場面でも自分らしさを貫くことが大切)である.「そう思う」と「まあそう思う」をあわせた肯定率が,10以上ポイントも低下している.

また,「今の自分が好きかどうか」という「自己肯定感」にも変化がみられた.1992年調査では66.5％だった肯定率は70.5％となり,約4ポイントの増加がみられる.

最後に,これもあまり大きな変化ではないが,「自分には自分らしさというものがあると思う」という「自分らしさがある」の肯定率も低下している.前回は89.3％であったが85.9％となり,約3ポイント減少している.ただし,4段階でみると,「そう思う」という積極的肯定の減少が大きい.「そう思う」が49.2％から38.3％へと約11ポイント減少しているのに対し,「まあそう思う」は40.1％から47.6％へと約8ポイント増加している.

全般的な変化の方向は,自己の「一貫性志向」の低下を中心として,自己の多元化傾向を支持するものといえよう.少なくとも,否定するような変化はほとんどみられない.

第1章 多元化する自己のコミュニケーション

さらに興味深いのは，両年度の調査では多元的な自己でも，そのあり方に変化がみられることである．1992年調査で指摘された多元的な自己のありようとは，「場面ごとにでてくる自分は違っても，そのどれも自分らしい」というもの

表1・1 自己意識の変化

	1995年の肯定率（%）	2002年の肯定率（%）	somers' d
自分には自分らしさというものがあると思う	89.3 ↓	85.9	−0.115 ***
場面によってでてくる自分というものは違う	75.2	78.4	0.034 n.s.
自分がどんな人間かわからなくなるとこがある	43.0	45.9	0.039 n.s.
どんな場面でも自分らしさを貫くことが大切	69.2 ↓	55.8	−0.161 ***
今の自分が好きか嫌いか	66.5 ↑	70.5	0.052 *

注）ソマーズの d は，1992年に1，2002年に2の値を与え，自己意識の各項目は肯定的回答から順に4〜1の値を与え，調査時点を独立変数として算出．−1から+1までの値をとり，値が大きいほど大きな変化がみられることを示す．また，値が正の場合は肯定的方向への変化，負の場合には否定的方向への変化を意味する．

表1・2 自己意識項目間における関係の変化

	1992年調査			
	自分には自分らしさというものがあると思う	場面によってでてくる自分というものは違う	自分がどんな人間かわからなくなるとこがある	どんな場面でも自分らしさを貫くことが大切
場面によってでてくる自分というものは違う	0.194 ***			
自分がどんな人間かわからなくなることがある	−0.222 ***	0.393 ***		
どんな場面でも自分らしさを貫くのが大切	0.305 ***	0.042 n.s.	0.002 n.s.	
今の自分が好きですか，それとも嫌いですか．	0.409 ***	−0.060 n.s.	−0.419 ***	0.142 **

	2002年調査			
	自分には自分らしさというものがあると思う	場面によってでてくる自分というものは違う	自分がどんな人間かわからなくなるとこがある	どんな場面でも自分らしさを貫くことが大切
場面によってでてくる自分というものは違う	0.061 n.s.			
自分がどんな人間かわからなくなることがある	−0.251 ***	0.358 ***		
どんな場面でも自分らしさを貫くのが大切	0.230 ***	−0.099 *	0.002 n.s.	
今の自分が好きですか，それとも嫌いですか．	0.527 ***	−0.152 **	−0.375 ***	0.168 ***

注）数値は，Goodman and Kruskal's γ．各項目は，肯定的回答から順に4〜1の値を与えている．−1から+1までの値をとり，値が大きいほど関係が強いことを示している．また，値がプラスの場合は正の関係，マイナスの場合には負の関係にあることを意味する．

であった．これは友人とのつきあい方にみられる状況志向的な関係が「場面性」のみならず，「自分らしさがある」や「一貫性志向」とも正の関連にあったことを意味していた．

しかし，表1・2のように，「場面性」と「自分らしさ」との正の関連は弱まっている．また，「場面性」と「一貫性志向」との関係は，統計的には有意ではないものの1992年調査では正の関係を示していたが，2002調査では負の関係を示すようになっている．「一貫性志向」が減少し，そうした層で多元化が一層徹底化しているようである．浅野（2003）はこの変化を指して，「『自分らしさ』主導の多元化から，『場面にあわせること』主導の多元化へ」と表現している．すなわち，2002年調査では自己の状況化が進展したといえる．

3-2. 状況的自己と選択的関係

このように，自己の多元化が進展し，さらに状況化とも呼び得るような多元

表1・3　自己意識のタイプ別にみた友人とのつきあい方　(%)

	自己一元型	非戦略的自己 素顔複数化型	非戦略的自己 仮面複数化型	戦略的自己 素顔使い分け型	戦略的自己 仮面使い分け型	合計	検定
友達をたくさん作るように心がけている	57.2	53.1	50.0	57.5	46.5	51.9	n.s.
友達といるより，ひとりでいる方が気持ちが落ち着く	<u>34.0</u>	40.0	47.7	43.6	**56.7**	45.6	**
友達との関係はあっさりしていて，お互いに深入りしない	45.8	42.3	43.4	45.1	52.1	46.2	n.s.
友達と意見が合わなかったときには，納得がいくまで話し合いをする	54.2	51.8	50.3	58.2	44.0	50.6	n.s.
お互いに顔見知りでない友達同士をよく引き合わせる	21.7	24.1	22.4	26.9	20.8	22.9	n.s.
初対面の人とでもすぐに友達になる	52.1	49.8	42.8	56.0	48.2	49.4	n.s.
遊ぶ内容によって一緒に遊ぶ友達を使い分けている	<u>47.9</u>	61.9	65.6	**78.4**	74.9	66.4	**
いつも友達と連絡をとっていないと不安になる	<u>14.0</u>	14.6	**26.0**	17.9	22.2	18.9	*

注）数値は，「そうだ」と「どちらかといえばそうだ」の合計の割合(%)．統計的有意差のある項目の太字は最も割合が高いこと，二重下線は最も低いことを示す．検定はχ^2検定（4段階のまま検定）．

第1章 多元化する自己のコミュニケーション

化の特質に変化もみられた．それでは，このような多元化する自己に映し出される若者の人間関係とは，いかなるものなのであろうか．

表1・3は，自己意識の類型と友人とのつきあい方の関係をみたものである．自己意識の類型化については，ここで詳細を述べる余裕はないが，2002年調査の自己意識に関する10の質問項目を用いた探索的な因子分析の結果に基づいている[*1]．

有意な差がみられるのは，3項目である．「遊ぶ内容によって一緒に遊ぶ友だちを使い分けている」（選択的関係志向），「友だちといるより，ひとりでいる方が気持ちが落ち着く」（ひとり志向），「いつも友だちと連絡をとっていないと不安になる」（他者依存志向）において，いずれも多元性の低い【自己一元型】で肯定率が最も低くなっている．

特に，選択的関係志向は，【自己一元型】と多元的自己の各類型との肯定率の差が非常に大きい．【自己一元型】と【素顔使い分け型】では30ポイント以上にもなっている．これをみると，多元的自己を最も特徴づけるのは選択的な関係の志向のようである．

この結果からは，若者全体のコミュニケーションの特質を選択的という観点から捉えることができるようにみえる．若者の自己意識は多元化が進展しており，多元的な自己は選択的な関係の志向と関連しているのだから．しかし，必

[*1] 自己意識に関する10の質問項目を用い探索的な因子分析を行なった結果，自己複数性因子，自己拡散因子，自己一貫志向因子という3つの因子をとりだすことができた．そのうちの1つである自己複数性因子に所属する3つ質問項目を用いて，多元性に着目した自己意識の類型化を行なった．まず，自己の多元性を現象面から尋ねていると想定できる「場面によってでてくる自分というものは違う」という「状況性」によって，【自己一元型】と〈多元的自己〉を区別した．次に，その多元性が意識的な使い分けによるものであるかどうかという観点，すなわちその「戦略性」によって，〈戦略的自己〉と〈非戦略的自己〉に区分した．具体的には，「意識して自分を使い分けている」という質問を用いた．最後に，多元化した自己の「仮面性」という観点によって，〈戦略的自己〉と〈非戦略的自己〉をそれぞれ2つに区分した．「自分の中には，うわべだけの演技をしているような部分がある」という質問に対して，肯定的に答えている場合には，「本当の自分」を前提として，仮面のような偽の自分を見出しているとみなすことができる．それに対し，否定的回答をしている場合には，場面ごとに違った自分がでてきても，そのどれも「本当の自分」「素顔の自分」とみなすような意識と捉えられる．つまり，戦略的自己を【仮面使い分け型】と【素顔使い分け型】に，非戦略的自己を【仮面複数化型】と【素顔複数化型】に区分した．詳細については，岩田（2006）を参照．

3. 多元的自己のコミュニケーション

ずしもそのようにはいえない側面もある．図1・3に示したように，モバイル・コミュニケーション研究会が実施した調査[*2]を見ると，選択的な関係を志向する率自体は年齢が上がるごとに増加するのである．

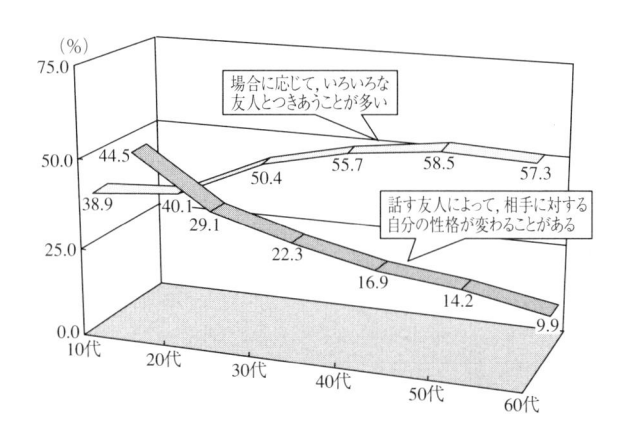

```
(%)
75.0
                場合に応じて，いろいろな
                友人とつきあうことが多い
50.0  44.3
            50.4   55.7   58.5   57.3
      38.9
           40.1
                        話す友人によって，相手に対する
           29.1         自分の性格が変わることがある
25.0
                22.3
                     16.9  14.2
0.0                              9.9
   10代  20代  30代  40代  50代  60代
```

図1・3 世代別にみた選択的関係と自己の場面性
注) モバイル・コミュニケーション研究会 (2002) より

ただし，この結果のみから若者の友人関係は選択的ではない，というのも早計かもしれない．世代によって同じ質問文でもイメージされる友人とのつきあい方が異なる可能性があるからである．残念ながら質問紙調査の性格上，このような点について直接明らかにすることはできない．しかし，各年代における自己のありように差異があることに注意すべきであろう．関係を使い分ける自己が，強固な一貫した自己であるか，多元的な自己であるかによって，同じ選択的な関係といっても，その様相は大きく異なるように思われるからである．

とはいえ，ここでは，若者において多元的な自己意識をもつ者は選択的な関係を志向する割合が高いということを確認するにとどめよう．次節では，多元的な自己意識をもつ若者のコミュケーションの特質を少し異なる観点からみることにしよう．

[*2] モバイル・コミュニケーション研究会（代表東京経済大学教授 吉井博明）が，東京大学社会情報研究所橋元研究室および東洋大学三上研究室と共同で，日本全国の12歳〜69歳までを対象に実施した調査．詳細については，モバイル・コミュニケーション研究会（2002）を参照のこと．

4．動物化とコミュニケーション・サバイバル
4-1．動物化と共振的コミュニケーション

冒頭で，泣くことによって自らの存在を確認する若者という指摘をとりあげたが，同様な議論は多くみられる（例えば，土井 2001）．近年の若者論で注目されている東浩紀（2001）の「動物化」という議論も重なり合う部分がある．

東は，いわゆるオタクの消費行動の変化を検討し，「動物化」という議論を展開している．動物化した若者とは，「萌え」という言葉に象徴されるように，他者を必要とせず瞬時に機械的に欲求を満たす若者たちである．また東は，近年のオタク系のサブカルチャーが人格の解離と親和的であると指摘し，動物化した若者の自己意識が本章で問題としてきたような多元化したものであることを示唆している．

東は，このような「動物化」した若者のコミュニケーションが，情報交換を中心とした深さを欠いたものであり，さらにそうしたコミュニケーションから「降りる」自由によって特徴づけられるとする．それは，彼／彼女らのコミュニケーションが，親族や地域共同体のような現実的な必然性で支えられておらず，特定の情報への関心のみに支えられていることによる．さらに，このような「動物化」した若者のコミュニケーションの特質は，オタクとは異なるストリート系の若者にも共通し，宮台真司（1994）が指摘するところの「共振的（シンクロナル）コミュニケーション」に近いとされる．

「共振的なコミュネケーション」とは，いわば「『ノリを同じくする』者たちのコミュニケーション」のことである（宮台 1994：259）．それは，「かつての恋人同士や親友同士にみられるような，親しい者たちだけの間での，情緒的な相互浸透（＝わかりあい）を軸とした『人格的（パーソナル）コミュニケーション』」とも，「マクドナルドでの店員と客の関係にみられるような，役割に対する制度的な信頼を軸とする『非人格的（インパーソナル）コミュニケーション』」とも異なる．

土井隆義（2003）も同じような指摘をしている．多元化した自己意識をもつ者同士のコミュニケーションの特質は，「互いの内的な衝動の共有」や「感覚的な一体感」だという．「内発的な感覚を共有するものどうしで閉じられた小宇宙を生き，それ以外の人々の生活世界との接点」を失っているため，「一般的な他者に対してはもちろん，親密な他者との間にも，関係の表層化が進行

している」というのだ．

4-2. コミュニケーション・サバイバル

　本当に，多元化した自己意識をもつ者のコミュニケーションは，感覚の共有に基づくことによって表層的なものになっているのだろうか．表1・4を見ると，確かに【仮面使い分け型】など多元的な自己意識をもつ若者には，友人と親しくなっていく際に「その場その場でノリがよいこと」を重視する傾向があり，土井らの指摘と符合する部分もみられる．

　しかしながら，肯定率が最も低いのは，多元的自己の【素顔複数型】である．また，先の表1・3を見ると，多元的な自己意識をもつ若者の友人とのつき合い方は，必ずしも表層的とはいえない．確かに，「友だちといるより，ひとりでいる方が気持ちが落ち着く」では【自己一元型】で肯定率が低くなっている．しかし，「友だちとの関係はあっさりしていて，お互いに深入りしない」や「友だ

表1・4　自己意識のタイプ別にみた友達と親しくなるとき重要なこと　　　（％）

	自己一元型	多元的自己				合計	検定
		非戦略的自己		戦略的自己			
		素顔複数化型	仮面複数化型	素顔使い分け型	仮面使い分け型		
相手と趣味や関心が近いこと	82.1	82.8	82.4	82.0	79.9	81.7	n.s.
相手の考え方に共感できること	82.6	86.5	92.8	85.1	86.6	86.7	n.s.
相手の容姿や顔立ちが自分の好みであること	<u>11.8</u>	20.2	**25.5**	21.6	22.5	20.7	*
相手のファッション（服装や髪型など）が自分の好みであること	21.5	<u>21.3</u>	**31.4**	26.3	25.4	24.8	*
相手の年齢が自分と近いこと	40.3	37.7	35.3	38.8	48.1	40.8	n.s.
相手が同性であること	21.3	23.2	22.4	24.6	29.7	24.8	n.s.
相手の本名（フルネーム）を知っていること	44.1	47.6	51.3	48.5	50.9	48.7	n.s.
相手の社会的な立場や地位が高いこと	2.8	3.7	7.2	8.2	6.0	5.4	n.s.
つきあいが長く続きそうだと思うこと	<u>51.7</u>	58.1	**64.1**	61.9	63.4	60.2	*
その場その場でノリがよいこと	43.4	<u>38.4</u>	52.3	48.5	**57.2**	48.1	**

　　注）数値は，「重要だ」と「どちらかといえば重要だ」の合計の割合（％）．統計的有意差のある項目の太字は最も割合が高いこと，二重下線は最も低いことを示す．検定はχ^2検定（4段階のまま検定）．

第1章 多元化する自己のコミュニケーション

ちと意見があわないときには，納得がいくまで話し合いをする」では差がみられない．

さらに，図1・4に示したように，モバイル・コミュニケーション研究会が行なった調査では，若い世代の方が他者の視線を非常に気にしていることがわかる．そしてその際の他者は，仲間だけなく，世間という一般的な他者においてもである．もちろん，「世間」といっても各世代によってイメージされるものが異なるかもしれない．しかし少なくとも，若い世代の方が他者の視線に対して非常に敏感であるということはいえそうである[*3]．

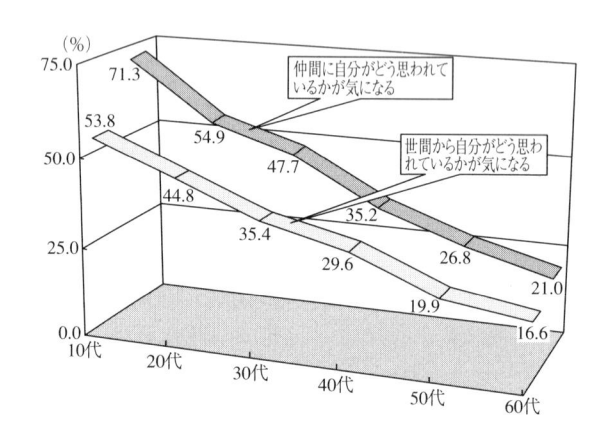

図1・4　世代別にみた他者の視線に対する意識
注）モバイル・コミュニケーション研究会（2002）より．

これらの結果からすると，若者の他者との関係は，単に表層的になっているというよりも，様々な他者に対してコミュニケーションを高度に使い分けているとみる方がよいのかもしれない．もちろん，すべての若者がそのような使い分けをするスキルを十分にもっているわけでない．しかし，コミュニケーショ

[*3] 土井（2003）が論拠の1つとしている調査結果も異なる解釈が可能である．土井は，東京都青少年基本調査の昭和51年の第1回調査から平成9年の第8回調査までの変化から，第三者にはまったく無関心で，コミュニケーションを避ける傾向が強まっているとしている．しかし，「街を歩いているとき交通遺児のための寄付をたのまれました．百円ほどでいいという．そのとき」に，「寄付に応じる」とする者が，昭和63年の第5回調査までは減少していたものの，その後は増加し，第1回調査を上回るようになるなど，異なる傾向もみられる．

14

ンに問題を抱える若者が増えているとしても，それは若者のコミュケーション能力が低くなったというよりもむしろ，求められるコミュニケーション・スキルのレベルが上昇していると考えることもできる．ギデンズの純粋な関係性において指摘されていたように，伝統的な共同体が崩壊し制度に支えられない関係が優位することで，様々な相手との関係を維持するために多様なコミュニケーションを行なう必要が生じていると考えられるからである．つまり，関係の多元化や流動化に伴い，求められるコミュニケーション・スキルのレベルが上昇しているのではないだろうか．

今回の調査から，求められるコミュニケーション・スキルのレベルが上昇しているということを実証的に示すことはできない．しかし，加藤篤志（2002）も指摘するように，書店で大量に販売されている「人間関係に関するマニュアル本」の存在は，このことを示唆しているように思われる．

また，土井が自らの議論の拠り所の1つとして挙げている東京都青少年基本調査においても，傍証となるような結果がみられる（東京都生活文化局 1998）．同調査には，「誰かと話をしていて，あるいは誰かが話しているのを聞いて，この人とはわかりあえそうもないと感じることがありますか」という質問がある．肯定する者は80.6％，否定する者は15.0％という結果になっている．さらに，「もともとわかろうという気がない」は4.2％と非常に少ない．限定された状況ではあるが，他者に対して無関心というよりも，他者とわかり合うことが難しいと感じている若者の姿を垣間見ることができる．

この10年間で，若者の自己は状況化とも呼べるような多元化傾向を示していた．しかし，しばしば若者論でみられるような，不確かな自己をもつ若者たちは表層的な関係しか取り結べないという指摘は必ずしもあてはまらなかった．状況的自己とも呼び得る多元化した自己に映し出されるのは，他者なしに充足する「動物化」した若者というよりも，状況ごとに関係を柔軟に駆使しながら生きざるをえない若者の姿であった．それは，コミュニケーション・サバイバーとでも呼ぶべき姿である．

第 1 章　多元化する自己のコミュニケーション

参考文献

浅野智彦，1995，「友人関係における男性と女性」高橋勇悦監修『都市青年の意識と行動―若者たちの東京・神戸90's分析編―』恒星社厚生閣．
――，1999，「親密性の新しい形へ」富田英典・藤村正之編『みんなぼっちの世界―若者たちの東京・神戸90's展開編―』恒星社厚生閣．
――，2003，「若者たちの人間関係は，希薄で未熟か―1992年と2002年，定点調査で読みとれた『進む自己の多元化』」(http://www.works-i.com/special/newgeneration7.html, 2003.1.10)．
東浩紀，2001，『動物化するポストモダン―オタクから見た日本社会』講談社．
土井隆義，2001，「『社会』を喪失した子どもたち―飽和社会における『禁欲のエートス』の機能不全と少年犯罪」嶋根克己・藤村正之編『非日常を生み出す文化装置』北樹出版．
――，2003，『〈非行少年〉の消滅―個性神話と少年犯罪』信山社．
遠藤薫，2000，『電子社会論―電子的想像力のリアリティと社会変容』実教出版．
Erikson, E. H., 1968, *Identity: youth and crisis*, W. W. Norton & Company, Inc.（＝1973［1982］，岩瀬庸理訳『アイデンティティ―青年と危機』金沢文庫）．
Giddens, A., 1991,*Modernity and Self-Identity: Self and Society in Late Modern Age*, Stanford University Press.
――, 1992, *The Transformation of Intimacy: Sexuality, Love and Eroticism in Modern Societies*, Polity Press.＝1995, 松尾精文・松川昭子訳『親密性の変容―近代社会におけるセクシュアリティ，愛情，エロティシズム―』而立書房．
岩田考，2000，「高校生の自分探し―自分探しという神話」深谷昌志監修『モノグラフ・高校生 Vol.60 高校生の自我像―自分探しをする高校生』ベネッセ教育研究所．
――，2006，「若者のアイデンティティはどう変わったか」浅野智彦編『検証・若者の変貌―失われた十年の後に』勁草書房（近刊予定）．
加藤篤志，2002，「社会学でわかる対人関係」浅野智彦編『図解社会学のことが面白いほどわかる本』中経出版．
香山リカ，2002，『若者の法則』岩波新書．
Lifton, Robert Jay, 1967, *Boundaries: Psychological Man in Revolution*, Vintage books.（＝1971, 外林大作訳『誰が生き残るか：プロテウス的人間』誠信書房）．
Mead, G.H., 1934, *Mind, Self and Society*, The University of Chicago Press.（＝1995，稲葉三千男他訳『精神・自我・社会』青木書店）．
宮台真司，1994，『制服少女たちの選択』講談社．
モバイル・コミュニケーション研究会，2002，『携帯電話の利用とその影響―科研費：携帯電話利用の深化とその社会的影響に関する国際比較研究初年度報告書（日本における携帯電話利用に関する全国調査結果）』2001年度科学研究費補助金研究成果報告書．
Simmel, G., 1908［1923］, Soziologie: Untersuchungen über die Formen der Vergesellschaf-tung, *Duncker & Humblot*.（＝1994, 居安正訳『社会学：社会化の諸形式についての研究（下）』白水社）．
辻大介，1999，「若者のコミュニケーションの変容と新しいメディア」橋本良明・船津衛編『シリーズ情報環境と社会心理3 子ども・青少年とコミュニケーション』北樹出版．
東京都生活文化局，1998，『大都市青少年の生活・価値観に関する調査』第8回東京都青少年基本調査報告書．

「自由市場化」する友人関係
―友人関係の総合的アプローチに向けて―

第2章

辻　泉

1．若者の友人関係は，なぜ理解しにくいのか？

　若者の友人関係は理解しにくいとよく言われる．なかでも，今日の社会に特徴的であると思われる例をここで示してみたい．それは，「対人恐怖社会」でありながら「対人満足社会」でもあるという，一見矛盾めいた状況である．

　まず，今日が「対人恐怖社会」であるということは，比較的納得のいくことだろう．例えば，友人関係の悩み相談は，読者欄など至るところで目にする．

　　〈大学での友人関係で悩んでます〉

　　私は今年，大学に入学しました．友人関係に悩まされ続けましたが，……（中略）……今も問題を抱えています．最近，友人の態度が冷たく感じます．2人でさっさとどこかへ行ったり，昼食のときも呼んでくれません．放っておかれている気がするのです．……（中略）……後期に入って新たに友達もできにくいだろうし……．どうしたらいいでしょう？

　　　　　　　　　　　　　　　　　　　　　　（某新聞社Webサイト投稿より）

　上の例からもわかるように，若者たちにとって，どうやって友人関係を作るか，あるいはそれをどうやって維持していくか，といったことは，実に大きな悩みとなっている．また，これに対応して，友人の作り方やつきあい方に関するマニュアルも多々存在している．

　こうした状況は，上の世代からすれば，「つまらない悩み」に見えるかもしれない．あるいはマニュアルが必要なほど，人と人のつながりが希薄になってしまったのかと，嘆かわしく感じるかもしれない．

　しかし，状況はさらに複雑で理解しがたい．なぜならば，若者たちは友人関係に大いに悩まされていながら，一方で，過去にないほどに友人関係の満足度

を上昇させているのである．その例として，以下にいくつかの調査結果を挙げたい．

表2・1と表2・2は，世界青年意識調査の結果を経年比較したものである（内閣府共生社会政策統括官2004）．このうち，表2・1は友人への満足度に関する結果であるが，一見してわかるように，満足度は年々上昇傾向にある．2003年の段階では「満足」と答えたものの割合は72.0％にも達し，「やや満足」もあわせると98.1％と，ほぼすべての若者が友人関係に満足を覚えていることがわかる．

さらに，表2・2は友人がいるかいないか，いる場合はさらにその性別を尋ねた結果である（ただし1998年以前の結果を2003年の調査と同じ方法で再集計した）．特に注目すべきなのは，友人が「いない」と答えたものの割合である．1977〜78年の段階でも5.3％と，もともとそんなに多い割合ではないものの，2003年の段階では2.0％となっており，年々減少傾向にあることがわかる．

この結果について，若者たちと同じ目線に立つ「共感的理解」を試みるならば，年々友人関係にも恵まれ，かつ満足度も上昇してきたわけであり，非常に好ましい状況であるかのように思われる．しかし，状況はやはり複雑で理解し

表2・1 友人への満足度の経年変化　(%)

	1977〜8	1983	1988	1993	1998	2003
満足	41.6	54.0	54.1	64.1	74.6	72.0
やや満足	42.3	35.8	35.6	28.3	22.1	26.1
やや不満	13.2	6.2	6.4	5.9	1.8	1.5
不満	2.6	0.9	1.4	0.8	0.9	0.1
DK/NA	0.3	3.1	2.6	0.9	0.7	0.3

表2・2 友人のいるものの割合と性別の経年変化　(MA, %)

	1977〜8	1983	1988	1993	1998	2003
同性の親しい友人	88.7	94.5	93.0	95.8	97.6	94.8
異性の親しい友人	36.0	45.1	51.2	48.1	54.0	43.7
いない	5.3	2.8	3.0	2.4	1.1	2.0

がたい．なぜなら，このような理解では，先にみたような「対人恐怖社会」であることの説明がつかないのである．

では，この一見矛盾した状況はどのように理解できるだろうか．本章では，この現状を踏まえたうえで，若者の友人関係へのアプローチについて考える．

それが捉えがたい原因の1つには，アプローチに関する検討が不足していることが挙げられる．よって，既存のアプローチの問題点を検討したうえで，新たなアプローチの可能性，さらには若者の友人関係のこれからについても考えてみたい．

2．若者の友人関係へのアプローチ──「なかみ」と「しくみ」の総合的理解へ

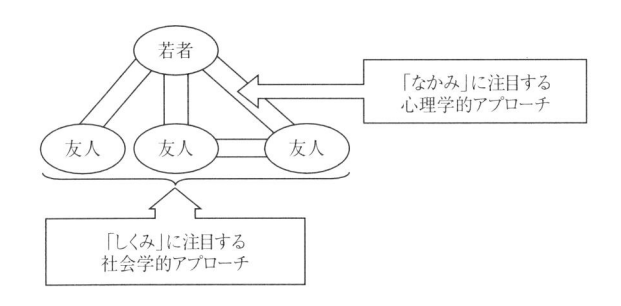

さて，既存のアプローチは，心理学的アプローチと社会学的アプローチに大きく分けることができる．その違いについては，図2・1をご覧いただきたい．一言で言えば，心理学的アプローチは友人関係の「なかみ」に注目し，社会学的アプローチは「しくみ」に注目する．すなわち「なかみ」とは，図2・1でいうならば，若者と友人とを結ぶ線の内容に，同じく「しくみ」とはその線の結びつき方にあたる．

近年の状況を述べると，心理学的アプローチは若者の友人関係が「希薄化」していると主張し，一方の社会学的アプローチは「選択化」していると主張して対立している．以下でさらに詳しく検討しよう．

図2・1　心理学的アプローチと社会学的アプローチ

第2章 「自由市場化」する友人関係

2-1. 心理学的アプローチから理解できること

　心理学的アプローチが注目する，友人関係の「なかみ」とは，具体的には次のようなことがあてはまる．すなわち，友人とはどのような存在であるか（主観的意味），あるいは友人がいることでどのような結果がもたらされるか（社会化機能）といったことである．

　さらに，松井豊（1990，1996）の整理によれば，主観的意味については，①好感・親密感，②尊敬・肯定的評価，③劣等感・競争意識の3つが含まれており，そうした友人によって，①心理的安定化（心理的な不安の解消）や，②社会的スキルの学習（人と接する能力の上昇），③モデル（行動や考えを真似て生き方の手本とする），といった社会化機能が果たされるのだという．

　これらのことは，部活動やサークルのなかでの友人関係を思い浮かべると理解しやすいだろう．例えば，「野球部」や「バレーボール部」などに入って活動するなかで，親しい友人（①好感・親密感）だけでなく，自分よりも優れた才能のある友人（②尊敬・肯定的評価）や，負けたくないライバルなど（③劣等感・競争意識）に出会う．そのことを通して，心が安らいだり（①心理的安定化），あるいはライバルと切磋琢磨することを通して人と接する能力が増したり（②社会的スキルの学習），さらには自分よりも優れた友人を，生き方の模範としたりする（③モデル）．

　しかし近年では，部活動やサークルの停滞は著しい．よって心理学的アプローチからすれば，近年の若者たちは，「オタク」や「ひきこもり」に代表されるように，かつてよりも"内閉"する傾向があり，友人に対する主観的意味も薄まって，社会化機能が果たされなくなってきているのではないか，と危惧されるのである．なかには，「近い将来『友人関係』などという章は心理学の教科書から消滅してしまうかもしれない」と述べる心理学者すらいる（岡田 1992：28）．

　では，こうした危惧が妥当なものか，調査結果を元に検討しよう．以下の表2・3と表2・4は，2002年に青少年研究会が実施した調査の結果である．表2・3は，友人の主観的意味について，表2・4はその社会化機能について，先の松井（1990，1996）の整理に基づいて，あてはまるものをすべて挙げさせた結果である（ただし，回答者が回答しやすいように，「親友」についてあてはまるも

表2・3　友人の主観的意味

親友の主観的意味ランキング（MA，n＝986）	%
1．一緒にいると楽しい（好感・親密感①）	82.3
2．親しみを感じる（好感・親密感②）	70.1
9．自分の弱みをさらけ出せる（尊敬・肯定的評価②）	59.7
3．尊敬している（尊敬・肯定的評価①）	42.1
4．ライバルだと思う（劣等感・競争意識①）	22.7
5．劣等感を感じる（劣等感・競争意識②）	7.7

表2・4　友人の社会化機能

親友の社会化機能ランキング（MA，n＝986）	%
7．真剣に話ができる（社会的スキル①）	79.5
6．一緒にいると安心する（心理的安定化）	56.9
10．ケンカをしても仲直りできる（社会的スキル③）	50.6
11．親友のような考え方や生き方をしてみたい（モデル機能）	14.4
8．親友のおかげで友達づきあいがうまくなった（社会的スキル②）	14.3

のを挙げさせ，表では割合の高い順に並べかえてある）．

　主観的意味については，「ライバルだと思う」（22.7%），「劣等感を感じる」（7.7%）といった，劣等感・競争意識に関する項目は割合が低い．しかしながら，「一緒にいると楽しい」（82.3%）や「親しみを感じる」（70.1%）といった，好感・親密感に関する項目については割合が高く，必ずしもすべての主観的意味について「希薄化」しているのではない様子がうかがえる．

　同様に，表2・4を見ると，「親友のような考え方や生き方をしてみたい」（14.4%）といったモデル機能に関する項目は割合が低いが，「一緒にいると安心する」（56.9%）といった心理的安定化に関する項目や，あるいは「真剣に話ができる」（79.5%）といった社会的スキルの学習に関する項目は割合が高く，社会化機能についても一概に「希薄化」が進んでいるとは思われない結果が得られた．

　もちろん，一時点の調査だけでは，変化を判断しがたいものもある．しかし，先に表2・2で世界青年意識調査の結果を見たように，友人がいない若者などは，今日ではごく少数であり，かつその割合も年々減少傾向にあったとするならば，

「オタク」や「ひきこもり」のような事例の特徴を若者全般にあてはめ，友人関係の「希薄化」を主張することは，やや無理があるように思われる．

2-2．社会学的アプローチから理解できること

一方，社会学的アプローチは，どちらかというと新しい変化に肯定的な傾向がある．というのも，新たに生じた「しくみ」の変化に敏感だからである．

これまで，友人関係の「しくみ」については，「浅く広い」関係と「深く狭い」関係という2つの対比で考えられてきた．つまり，前者はたくさんの友人とつきあう代わりに，どれも関わりの浅い関係にとどめておこうとするタイプであり，逆に後者は，少数の友人とのじっくり深い関係をもとうするタイプである．

しかし，浅野智彦や辻大介によって，そこに「深く広い」とも言うべき新たな関係のもち方のあることが指摘されている．例えば浅野（1999）は，1992年に行なわれた青少年研究会の調査を分析するなかで，従来の「浅く広い」関係（遠心志向）や「深く狭い」関係（求心志向）の他に，場面場面に応じて友人関係を使い分けるような，いわば「深く広い」関係（状況志向）を見出し，これを「選択的コミットメント」と呼んだ．つまり「どれも深い」ような友人関係を，選択しているというタイプである．では，このことをさらに検討しよう．

表2・5は，2002年に青少年研究会が行なった調査で，友人との関係のもち方について質問した結果である．「浅く広い」関係にあたるもの（遠心志向），「深く狭い」関係にあたるもの（求心志向）といった従来指摘されてきたタイ

表2・5　友人とのつきあい方

「友達全般」とのつきあい方ランキング（＊は逆項目，n＝1100）	％
⑧いつも友達と連絡をとっていないと不安になる（孤独志向②）＊	79.9
⑤お互いに顔見知りでない友達同士をよく引き合わせる（状況志向①）＊	75.5
⑦遊ぶ内容によって一緒に遊ぶ友達を使い分けている（状況志向②）	64.9
③友達との関係はあっさりしていて，おたがいに深入りしない（求心志向①）＊	53.1
①友達をたくさん作るように心がけている（遠心志向①）	51.9
④友達と意見が合わなかったときには，納得がいくまで話し合いをする（求心志向②）	49.7
⑥初対面の人とでもすぐに友達になる（遠心志向①）	49.7
②友達といるより，ひとりでいる方が気持ちが落ち着く（孤独志向②）	45.5

プに加え，浅野らのいう選択的な友人関係にあたるタイプ（状況志向），そしてさらに「友人関係にコミットしない」（孤独志向）タイプも加え，それぞれのタイプについて2問ずつ質問し，「あてはまる・どちらかといえばあてはまる」と答えたものの割合を表記した（ただし，ここでは「友だち全般」についてあてはまるものを質問した．また，＊のついた質問は，回答者が答えやすいように，それぞれのタイプと反対の内容の質問をしたため，集計に当たっては「あてはまらない・どちらかといえばあてはまらない」と答えたものの割合を表記してある）．

　ここで一番割合の多いのは，「友人関係にコミットしない」タイプ（孤独志向）となっている．確かにこれだけを見ると「希薄化」しているようにも思われるが，しかし2番目と3番目には，選択的な友人関係にあたるタイプ（状況志向）が挙げられていることを見落としてはならない．特に，「遊ぶ内容によって一緒に遊ぶ友だちを使い分けている」（64.9％）という，質問には6割以上が該当しており，選択的な友人関係が，今日の若者において比較的多く見られる様子がうかがえる．

　このような「選択化」とも言うべき友人関係の状況から，社会学的アプローチは，心理学的アプローチの主張する「希薄化」を批判する．つまり，新たに起こっているのは「希薄化」よりも「選択化」だというわけである．

　しかし，本当に重要なのは，心理学的アプローチと社会学的アプローチのいずれが正しいのか，白黒をつけることではない．そもそもそれぞれのアプローチは，注目する点が異なっている．むしろ今必要なのは，両者の利点を組み合わせて，より実態を掘り下げる総合的なアプローチではないだろうか．別な言い方をすれば，選択的な友人関係をもつ若者とそうでないものとの間で，「なかみ」にどのような違いがあるのか，つまり「しくみ」と「なかみ」の変化をあわせて検討することが，今求められているのではないだろうか．

2-3. 総合的アプローチから理解できること

　では，今紹介した2つのアプローチをあわせて考えてみよう．先に選択的な友人関係を表しているものとして，「遊ぶ内容によって一緒に遊ぶ友だちを使い分けている」という質問を挙げたが，これに「あてはまる・どちらかといえばあてはまる」と答えた若者を「選択的」な若者，同様に「どちらかといえば

あてはまらない・あてはまらない」と答えた若者を「非選択的」な若者として，比較検討しよう．

表2・6は先に表2・3で検討した友人の主観的意味に関する6項目について，同様に表2・7は表2・4で検討した友人の社会化機能に関する5項目について，選択的な友人関係との関連をクロス表分析したものである．

表2・6を見ると，選択的な友人関係の方が，主観的意味について多様であることがうかがえる．例えば，「一緒にいると楽しい」（それぞれ82.1％：82.6％）「親しみを感じる」（69.2％：72.0％）といった好感・親密感に関する項目では有意な差はないが，「尊敬している」（45.0％：36.6％）「自分の弱みをさらけ出せる」（62.8％：54.6％）といった尊敬・肯定的評価に関する項目では，いずれも選択的な友人関係の方が，割合が高い．

表2・7でも，「一緒にいると安心する」（それぞれ58.0％：55.2％）といった心理的安定化に関する項目では有意な差は見られないが，「真剣に話ができる」（81.9％：75.0％）といった，社会的スキルの学習に関する項目では，やはり選択的な友人関係の方が，割合が高くなっている．

表2・6　選択的な友人関係と主観的意味

親友の主観的意味（%, n＝975）	選択的	非選択的	合計
1. 一緒にいると楽しい（好感・親密度①）n.s.	82.1	82.6	82.3
2. 親しみを感じる（好感・親密度②）n.s.	69.2	72.0	70.2
3. 尊敬している（尊敬・肯定的評価①）*	45.0	36.6	42.2
4. ライバルだと思う（劣等感・競争意識①）n.s.	24.1	20.1	22.9
5. 劣等感を感じる（劣等感・競争意識②）n.s.	8.3	6.7	7.8
9. 自分の弱みをさらけ出せる（尊敬・肯定的評価②）*	62.8	54.6	60.0

表2・7　選択的な友人関係と社会化機能

親友の社会化機能（%, MA, n＝975）	選択的	非選択的	合計
6. 一緒にいると安心する（心理的安定化）n.s.	58.0	55.2	57.0
7. 真剣に話ができる（社会的スキル①）*	81.9	75.0	79.6
8. 親友のおかげで友達づきあいがうまくなった（社会的スキル②）n.s.	15.1	12.8	14.4
10. ケンカをしても仲直りできる（社会的スキル③）n.s.	52.7	46.3	50.6
11. 親友のような考え方や生き方をしてみたい（モデル機能）n.s.	14.5	14.3	14.5

つまり，選択的な友人関係をもった若者は，より多くの意味や機能を兼ね備えた友人関係をもつことができており，こうした新たな「しくみ」は，「なかみ」についての多様性と関連があるといえる．

3．これから，若者の友人関係はどうなるのか？
3-1．友人関係の「自由市場化」時代の到来

　ここで，最初に取り上げた理解しがたい複雑さ，すなわち「対人恐怖社会」でありながら「対人満足社会」でもあるという状況について考えてみたい．このことは，今述べた議論を元にすると，理解可能になるだろう．

　例えば「対人恐怖社会」という点について，これは選択的な友人関係で言えば，選択がうまくいくかどうかという不安にあたる．何がしかの関係を超えて，新たな選択をする以上，常に失敗がつきまとう可能性がある．

　しかし，選択が成功した場合，満足度は今まで以上に高まるとも考えられる．つまり，失敗に対する不安はなくせないが，その一方で，より望ましい友人関係がもてる可能性もある．このように，友人関係について「ハイリスク・ハイリターン」な社会こそ，「対人恐怖社会」でありながら「対人満足社会」でもあるのではないだろうか．つまりこの状況は単なる矛盾ではなく，むしろ，新たな「しくみ」と「なかみ」の結びついた変化として，考えられるのではないだろうか．

　では，選択的な友人関係という新たな「しくみ」は，いったいどのように生じたのか，そしてこれからどうなっていくのか．最後に考えてみたい．

　選択的な友人関係の広まりは，いうなれば友人関係の「自由市場化」とも言うべき変化であると考えられる．そしてその背景には，もっと大きな社会全体の「しくみ」の変化がある．とりわけ，大きく分けて2つの背景，すなわち既存の組織・集団の崩壊と，パーソナル・メディアの普及という点を考えよう．

　1つ目については，例えば学校の変化を思い浮かべると理解しやすい．かつては，「同じクラスなんだから仲良くしなさい」という教員がよく使う言い回しがあったように，同じクラスあるいは部活動という，既存の組織・集団のなかで友人関係が形成された．このように，友人関係が社会的にお仕着せのように形成さ（せら）れた状況は，現状と対比すれば，友人関係の「社会主義体制」

であったと言い表せよう.

しかし周知の通り，学級崩壊や部活動の停滞といった状況が目立つようになり，あるいは高校中退者やフリースクールに通う若者も増えてくるようになると，友人関係はお仕着せのように形成されるというよりも，若者たちが自力で選び取らなければならないものになる．これこそが「自由市場化」と呼び得る変化である．いささか極端な表現をすれば，恋人だけでなく，友人までもあたかも「ナンパ」をするような時代になったということである．

また，2つ目について述べると，携帯電話やインターネットなどの新たなパーソナル・メディアの普及は，こうした状況を下支えしているといえる．特に携帯電話はその面が大きく，例えば，学校にまったく友人がいなくても，学校外の友人と授業中にメールをすることができるし，あるいはそのメモリー機能は，友人関係を管理するうえで大いに役立っている．

3-2. 友人関係の「自由市場化」は楽園か？ 地獄か？

こうしたパーソナル・メディアの普及は，すでに飽和状況に達したといわれているが，今後は，より年齢の低い段階からこれらのメディアになじんだ若者たちが登場してくる．生まれたときから，携帯電話になじんだ世代が登場する日も遠くはない．

このように考えると，友人関係の「自由市場化」は今後ますます進んでいくと予想されよう．では，こうした変化をどのように受け止めたらよいのだろうか．

先に，総合的アプローチによって，友人関係の「しくみ」と「なかみ」をあわせて検討したとき，選択的な友人関係をもった若者の方が，主観的意味や社会化機能に関する多様性が高いという結果が得られた．この結果を見るかぎり，友人関係の「自由市場化」は好ましい変化のように思われる．だが，果たして本当に手放しで喜んでよいのだろうか．

例えば，友人関係の「なかみ」では，別な点に関して，多様性が下がっている調査結果もある．表2・2をもう一度見ていただきたいが，友人がいる場合にそれが同性か，異性かを尋ねた結果，「異性の親しい友人」がいる割合は，1998年には54.0％に達し，それまでは年々上昇傾向にあった．しかし2003年には43.7％と10％も割合を低下させている．つまり性別については，むし

ろ多様性が低下している可能性がある．では，友人関係の「自由市場化」が進む一方で，その「なかみ」の多様性が低下することはありえるのだろうか．

この点について筆者は，2つの要因において，むしろ起こり得ると考えている．1つ目は，社会全体の大きな「しくみ」の変化である．例えば，さらに少子化が進むことによってきょうだい数が減少し，異なる年齢の若者同士の友人関係が形成しにくくなる結果，「なかみ」の多様性が低下するといったことが考え得る．

さらに2つ目として，「自由市場化」に伴う選択的な友人関係によってこそ，逆に多様性が低下するという，一見逆説めいた可能性を指摘しておきたい．

例えば表2·8は，2002年に青少年研究会が行なった調査で，友人関係を形成する際に重視する点を尋ねた結果で，さらにそれを選択的な友人関係をもった若者と，そうでない若者とで比較したものである．重視する点については，大きく分けて4つ，「内面重視」，「外見重視」，「属性重視」，「コミュニケーションの接続性重視」といった項目をそれぞれ複数質問した．

これを見ると，次の3つの項目について，選択的な友人関係をもった若者の方が「あてはまる・どちらかといえばあてはまる」と答えたものの割合が高いことがわかる．すなわち，「相手と趣味や関心が近いこと（内面重視①）」（それぞれ84.6％：77.0％），「相手の容姿や顔立ちが自分の好みであること（外見重視②）」（23.0％：17.3％），「その場その場でノリがよいこと（コミュニ

表2·8　選択的な友人関係と友人関係の形成時に重視すること

友達と親しくなっていく際に重視すること（％, n＝1084）	選択的	非選択的	合計
①相手と趣味や関心が近いこと（内面重視①）**	84.6	77.0	82.0
②相手の考え方に共感できること（内面重視②）n.s.	87.3	83.2	85.9
③相手の容姿や顔立ちが自分の好みであること（外見重視①）*	23.0	17.3	21.0
④相手のファッション（服装や髪型など）が自分の好みであること（外見重視②）n.s.	26.8	21.4	24.9
⑤相手の年齢が自分と近いこと（属性①）n.s.	40.8	42.7	41.4
⑥相手が同性であること（属性②）n.s.	24.9	27.6	25.8
⑦相手の本名（フルネーム）を知っていること（属性③）n.s.	49.7	46.2	48.5
⑧相手の社会的な立場や地位が高いこと（属性④）n.s.	6.3	4.9	5.8
⑨つきあいが長く続きそうだと思うこと（長期接続性）n.s.	60.2	57.3	59.2
⑩その場その場でのりがよいこと（短期接続性）**	51.0	42.4	48.1

ケーションの短期接続性)」(51.0％：42.4％)の3つである.

ここで重要なのは,選択的な友人関係をもった若者の方が,いずれにせよ同質性を重視する傾向が高いということだろう.つまり"選択"と言っても,様々に異なる友人を選び取るというよりも,なるべく似通った友人を選び取りたいという傾向がうかがえるのである.

3-3.「選択がもたらす内閉のパラドックス」

先に,友人の主観的意味について見た時に,全体的には好感・親密感の割合が高く,ついで尊敬・肯定的評価,劣等感・競争意識の順であった.このうち,現時点においては,確かに選択的な友人関係の方が劣等感・競争意識の割合が高かった.

しかし,表2・8の結果を考えると,今後,似通ったもの同士の友人関係ばかりがますます"選択"されていくようになり,むしろ好感・親密感だけが突出して割合が高くなっていく可能性はないだろうか.その結果,社会化機能で言えば,モデル機能を果たし得るような要素が減少する可能性もありえるのではないだろうか.

筆者は以前,こうした状況を「選択がもたらす内閉のパラドックス」と呼んだことがある(辻泉 2003).つまり,選択を繰り返していった結果,似通ったもの同士の友人関係が形成されると,満足度は高まるかもしれないが,一方で友人以外の人々がますます異質なものに感じられ,不安,恐怖が逆に高まるということである.そうなれば,「対人恐怖社会」でありながら「対人満足社会」でもあるという状況は,ますます加速することになるだろう.

若者の友人関係は,果たしてこれからどのように変化していくのか.このことを的確に見定めるためにも,「しくみ」と「なかみ」の両側面について,今以上に多角的に,かつ深く掘り下げる,冷静な総合的アプローチを積み重ねていく必要がある.

[付記] 本章は,平成17年度に交付を受けた松山大学特別研究助成による研究成果の一部である.

文　献

Allan, Graham, 1989, *Friendship: Developing a Sociological Perspective*, Harvester Wheatsheaf（＝1993，仲村祥一・細辻恵子訳『友情の社会学』世界思想社）．
浅野智彦，1999，「親密性の新しい形へ」富田英典・藤村正之編，『みんなぼっちの世界』恒星社厚生閣．
橋元良明，2003，「若者の情報行動と対人関係」正村俊之編『講座・社会変動6 情報化と文化変容』ミネルヴァ書房．
伊藤美奈子・宮下一博編著，2004，『シリーズ荒れる青少年の心 傷つけ傷つく青少年の心』北大路書房．
松井豊，1990，「友人関係の機能」菊池章夫・斎藤耕二編，『ハンドブック社会化の心理学』川島書店．
────，1996，「親離れから異性との親密な関係の成立まで」斎藤誠一編『人間関係の発達心理学4 青年期の人間関係』培風館．
松田美佐，2000，「若者の友人関係と携帯電話利用-関係希薄化論から選択的関係論へ」『社会情報学研究』4．
内閣府共生社会政策統括官，2004，『第7回世界青年意識調査結果概要速報』
　　(http://www8.cao.go.jp/youth/index.html)．
内藤朝雄，2004，「「友だち」の地獄」『世界』734．
岡田努，1992，「友人とかかわる」松井豊編『対人心理学の最前線』サイエンス社．
総務庁青少年対策本部，1995，『青少年の意識の変化に関する基礎的研究―「青少年の連帯感などに関する調査」第1回～第5回の総括―』．
辻大介，1999，「若者のコミュニケーションの変容と新しいメディア」橋元良明・船津衛編『子ども・青少年とコミュニケーション』北樹出版．
辻泉，2001，「今日の若者の友人関係における構造，意味，機能―アイドルのファンを事例として」『社会学論考』22．
────，2003，「携帯電話を元にした拡大パーソナル・ネットワーク調査の試み―若者の友人関係を中心に」『社会情報学研究』7．
山本真理子，1986，「友情の構造」『人文学報心理学27』183．

「自分らしさ」って，なに？
―杉並・神戸に住む若者たちの声から―

column I

菊池裕生

　本書のなかに，「自分らしさ」という言葉がたびたび出てきます．第1章でみたように，多くの若者たちが「自分には自分らしさがある」と感じています．でも，そもそも「自分らしさ」って，いったいどんな状態を指しているのでしょう？ ちょっと知りたくなります．

　このコラムでは，本書で用いた2002年青少年研究会調査に回答してくれたうち何人かの若者たちに行なったインタビューのなかから，自分らしさについて話してくれている部分をピックアップして，皆さんにご紹介します．

1．「自分らしさ」とは他人との"違い"でしかない（!?）

　杉並に住む大学生のエリナさん（女性・19歳）は，自分らしさとは，「アイデンティティ」なんだから誰にでも備わっていてあたりまえ，と答えています．そして，次のように説明してくれました．

> 性格も，周りの環境とかも，身体的なことでも，精神面でも，まったく同じという人は絶対にいないと思うので，どことなく似通っていても，その組み合わせ方が人それぞれ自分らしいものをもっているということ．（エリナ）

　1つ1つのピースは似通ったものでも，その組み合わせが違えばでき上がる絵はそれぞれ違いあるものになる．エリナさんにとり自分らしさとは，そういったものと捉えられているようです．同じように，自分らしさは似通ったピースの組み合わせ方の差だと話すツヨシさん（男・20歳・学生・杉並区在住）は，「自分のことが特別だと思うことが自分らしさじゃない」とはっきり言います．

　たとえ多くの部分が似通っているとしても，人それぞれやはりどこかが違っ

column I 「自分らしさ」って，なに？

ている．そしてそれは，決してその人が特別だから違うというわけではない．単に違うから違うのであり，その違いが自分らしさなのだ．そう考えるエリナさんやツヨシさんは，自分らしさという言葉にプラスの評価もマイナスの評価も与えていないようです．それは単なる"違い"，少し難しく言えば価値中立的なものとして，自分らしさは捉えられているのです．

2.「自分らしさ」とは「ポジティヴな自分」(!?)

一方で，エベレストを訪れたり，単身海外までスカイダイビングをしにいったりする，とても活動的なサオリさん（女性・30歳・会社員・杉並区在住）は，次のように考えています．

> 生きてきたなかで，何か1つこれだってものが自慢できるかどうか．私には「他の人とは違うよ」っていうのがある．今年はスカイダイビングやったのよ．そういうチャレンジ，というか冒険心というのは誇れるかな，と．（サオリ）

ただ他人と違うだけじゃない，「誇れるもの」をもっているのが自分らしい自分だ，とサオリさんは考えています．

獣医を目指して都内の大学に通うゴロウさん（男性・21歳・杉並区在住）は，自分らしさとは「ポリシー」だと語ります．

> 自分らしさっていうのは，なんだろうな……，うーんと，……まあポリシーですよね．服（を選ぶ）とかもそれなりにあると思うんですけど，僕のなかではやっぱ仕事関係が大きいですね．こういう仕事がしたいとか，そういうのが一番自分らしさで大きいですね．（ゴロウ）

獣医になる，というのはゴロウさんの夢でもあります．そんな夢をもっている自分が自分らしいと，そう語っているのです．サオリさんとゴロウさんは，自分らしさに何かポジティヴなイメージをもっているようですね．

3.「自分らしさ」とは「ネガティヴな自分」(!?)

自分らしさに「他人との違い」以上の評価を与えているという点では同じでも，サオリさんやゴロウさんと違って，ネガティヴなものと捉えている人もいるようです．大学院で臨床心理学を学んでいるミカコさん（女性・24歳・神

戸在住)は，次のように語ります．

> 行動がマイペースなところが自分らしさかなと思いました．……(中略)……集団にあわせるよりは，自分のペースで(行動しがち)．「かなり自己中心的に生きてるなあ，それが私らしさと言えば私らしさなのかなあ」と思って．(ミカコ)

「マイペース」で「自己中心的」な側面を自分らしさと感じているというミカコさんは，同じインタビューの別の場所で，そんな自分を「なんとかポジティヴに」捉えようと努力している，と語っています．確かに，「マイペース」はともかくとしても，「自己中心的」というのは，決してプラスのイメージを感じさせませんよね．彼女は，ともするとネガティヴな側面であるそんな自分の一面を，自分らしさとして受容しようとしているようです．

4.「自分らしさ」なんて「ない」(!?)

自分らしさの捉え方には，価値中立的，ポジティヴ，ネガティヴなものがある．これだけでも，人それぞれいろんな自分らしさを感じていることがわかります．でも，ユミさん(女性・20歳・大学生・杉並区在住)のように「自分らしさがない」と感じている若者もいます．彼女は，「自分には自分らしさがない」と思うその理由を次のように話してくれました．

> 自分は玉ねぎだと思うんですよ．っていうのは，玉ねぎって，スープとかに入れて，消えるでしょ，存在がなくなって，スープのなかに溶け込むんですよね．で，ふつうに切ってサラダにすれば存在感があって，って，いんろな形になれるじゃないですか，玉ねぎって．自分は他人の意見に流されやすい部分があって，感化されやすい部分があって，だからいろんな人のいろんな色になれる．(ユミ)

「存在感がなく」「いろんな形になれる」玉ねぎのような自分には，自分らしさがない．彼女はそう感じているのです．

ヨシエさん(女性・26歳・フリーター・杉並区在住)は，「自分らしさがない」というよりも，そもそも自分らしさというその言葉自体に懐疑的です．

> (友だちから○○チャンらしいねとか)よく言われます．自分ではあまりそうは思わないですけど．ただ，「なんとかなんとからしいね」とかいうのは今ひと

column Ⅰ 「自分らしさ」って,なに？

　　つの流行っぽいので,あまりそう重くはないのではないかと．（ヨシエ）
　また,自分らしさは「身体の特徴」にすぎない,とクールに語るミサエさん（女性・30歳・会社員・杉並区在住）は,次のようなちょっと"過激な"意見の持ち主です．

　　（自分らしさという言葉に）いままですごいひっかかってて．「なにをみんな"らしいらしい"って言ってるの？」みたいに思ってて．「アホかっ！」とかって思っていたんですけど．（ミサエ）

5.「自分らしさ」のジレンマ

クールなミサエさんは続けて次のようにも語ってくれています．

　　「自分らしさは自分で決めるものなのかなあ？」って（疑問に）思うんですけど．他人によって結構気づかされますよね,「あんたってこうだよね」みたいに言われて,「ああそうか,そう思うんだ」みたいな感じで．……（中略）……たぶん,いろんな人の話を聞いて,自分のなかでまとめたものが自分らしいと自分では思っているんでしょうねぇ．（ミサエ）

　なるほど．何かとても大人な意見の気がします．でも,彼女のこの意見は,単に「大人な感じ」だけでなく,社会学における自己の成り立ち・あり方をめぐる考え方にとても近いとも言えます．自分に対して意見を言ってくれる,比較的親密な間柄の他者．そんな他者に映し出される自分の姿が,自分らしさだと感じられていく．そう捉えると,自分らしさを考える場合,親密な他者との関わりのあり方が,とても重要なポイントになってきます．

　大学入学とともに,東京へ単身上京してきたユミさんは,次のようにも語ってくれました．

　　大学（に入学する）までは,自分の素直な感情がそこにあって,それをすぐに出せたんですよ．大学にきてから,やっぱりこっち（＝東京）では1人だし,ケータイで切ったら友だち（との関係）は切れるので．「怖い」っていうのもたぶんあるんですよ．もしその人と関係が切れたら,自分1人ぼっちになっちゃうって．だから自分を隠すし．（ユミ）

　友だちというのは,親密な他者の代表です（親友になればなおさら重要な他者です）．ユミさんは,友だちとの関係がケータイに大きく依存していると感

じています．ケータイのメモリーを削除してしまったり，かかってきた電話やメールに応えなかったり（そして，ケータイを持ち歩かない）ということは，その友だちとの関係を切ってしまうものだと感じているようです．では，なぜ彼女は，友だちと切れてしまうこと，つまり，一人ぼっちになってしまうことがそんなに「怖い」のでしょう．

　ここに登場してくれた多くの皆さんが感じているような自分らしさが，ミサエさんの言うとおり，もし他人から指摘されて気づくようなものであるとすれば，その他人がいなければ自分らしさになかなか気づけない，ということになります．友だちという親密な他者がいなくなってしまうということは，自分らしさを感じられる機会を失ってしまうことだと言えるかもしれません．ユミさんが感じている恐怖とは，一人ぼっちになってしまうことで，自分らしさを感じられる機会を失うのではないかという危機感によるものだと考えられないでしょうか？

　ユミさんは，自分は「玉ねぎ」であり，「らしさ」がない，と言っていました．でも，今彼女が「らしさ」を感じることができないのは，当然のような気もします．自分らしさを感じさせてくれる存在であるはずの友だちの前で，ユミさんは，彼・彼女らとつながっていたいがために「自分（らしさ）」を隠してしまっているのですから．自分らしさを感じたい，だから友だちとつながっていたい．でも，そんな友だちとつながっているためには，自分らしさを押し殺してでも相手に合わせて付き合っていかなければならない……．こんな状態を"「自分らしさ」のジレンマ"とでも呼べばよいでしょうか．

　ちょっと，ユミさんの話に集中しすぎてしまいました．でも，"「自分らしさ」のジレンマ"にはまり込んでしまう可能性がある若者は，意外に多いのかもしれません．ツヨシさんは，「仲良くない人には気を遣わないけど，仲いい人には遣っちゃいますね」と語っています．「気を遣う」ことが，必ずしも自分らしさを隠すことではないでしょうが，親しい仲の人にほど自分を洗いざらいさらけ出してしまうのは危険だ，というユミさんと同じ感覚がそこにはあるような気がします．

　……さて，読者の皆さんの「自分らしさ」は，どなたの意見に近いでしょう？

(注) 本文に登場してくれた方々のお名前は，すべて仮名です．

第 2 部

若者たちの生き残り戦略

なぜあなたは身体(からだ)を変えたいの？
―コミュニケーション・メディアとしての身体と若者―

第3章

菊池裕生

1. はじめに

　男はおもむろにくわえていたタバコを手に取り，ぺろっと舌を出した．彼の舌は本当に蛇の舌のように，先が二つに割れていた．私がその舌に見とれていると，彼は右の舌だけ器用にもち上げて，二股の舌の間にタバコをはさんだ．
　「……すごい」
　これが私とスプリットタンの出会い．
　「君も，身体改造してみない？」
　男の言葉に，私は無意識のうちに首を縦に振っていた．

　ここに紹介したのは，いうなれば"身体改造系文学"の1つ，『蛇にピアス』[*1]の一節である．主人公のルイは，クラブで出会ったパンクな男（「アマ」）の先が二つに割れた舌を初めて見せられたとき，このやりとりのなかで，身体改造を即決する．しかし彼女は，あともう少しで完成する，というその寸前になって，スプリットタンに対する関心を失ってしまう．それはなぜだったのか？……この答えは，本章での全ての考察が終わった後で改めて考えてみることにしたい．
　茶髪にピアスにタトゥ．フィットネスにエステに美容整形……．（もちろん若者に限らないが）こうした身体改造[*2]とまったく無縁の若者を見つけ出す方が，最近では難しい．茶髪やピアスはもとより，特殊な場所に出かけていかな

[*1] 金原ひとみ（集英社，2004）．この作品は平成16年芥川賞を受賞．
[*2] 本節でいう身体改造とは，文字通り，人工的な手段を用いて身体に何らかの手を施すことを指す．ピアスをする，ひげを剃るといった日常的な行為から，ダイエットで体重を減らす，スカリフィケーション（＝刃物や火傷による傷で人工的な模様を肌に施すもの）や美容整形をする等といった行為までを含む幅広い概念として捉えている．

第3章 なぜあなたは身体を変えたいの？

くともタトゥを入れた若者を目にする機会も最近めっきり多くなった（もちろん中にはヘナタトゥ，カラーペイント[*3]などのいうなれば"なんちゃって"系タトゥも多いと思われるが）．

また，彼／彼女らを一瞥しただけではなかなかわかりにくいが，特に若い女性のなかではかなりの割合が何らかのダイエットを経験していると言われる．さらに，美容整形も，プチ整形と呼ばれる簡易版も含めれば，（まだ少数派であろうが）若者の一部でも手術の経験があるものと考えられる．

なぜ彼／彼女らはそうした身体改造を行なうのだろう？　こんな素朴な疑問が浮かんでくる．キレイになりたいから？　モテたいから？　就職に有利だから？　シアワセになりたいから？……．どれも納得しやすい理由だし，きっと身体改造を行なう人たちの多くが，こうした動機をもっているのだと思われる．でも，そもそも，キレイになるため，モテるため，シアワセになるために，なぜ身体改造なのか，という疑問が依然として残らないだろうか．というのも，"キレイ"は何も，外見的な状態だけを指すわけではないし，そもそも，その裏には"キレイ"になりたいと思うに至る動機が隠れていると感じられるからだ．"シアワセ"だって同じことで，何も身体を改造しなくてもシアワセになる方法はたくさんありそうではないか．

"キレイ"と身体改造，"シアワセ"と身体改造，"○×"と身体改造，等々……．必然的に結びつきそうで，実はその間には重要な"何か"がはさまっている感じ．本章のねらいは，その"何か"をあぶり出してみることである．

2．身体改造を社会学する意味

さて，本章では，身体改造のなかでも美容整形経験者・希望者にスポットを当てていきたい．美容整形に分析を絞る最大の理由は，なにより議論の拡散を防ぐためである．身体改造について考えようとする場合，いわば1つのモデルとして美容整形が最も適切だと思われるのである．というのも美容整形は，今

[*3] ヘナタトゥとは，ハーブの一種であるヘナの色素を肌に定着させるタイプのタトゥ．通常1〜2週間ほどで消える．カラーペイントとは，特殊な塗料をエアブラシなどを用いて肌にペイントするタイプのタトゥ．ヘナタトゥより色の持続期間は短く，通常3〜5日ほどで消える．

ある身体を変形させることを第1の目的とする行為だからだ.

また,近年の特徴的な文化現象として,美容整形に焦点を当てたいという意図もある.美容整形ブームと言ってよいかどうかは検討の余地があるが,プチ整形や,整形を経験したという素人が実名で登場するテレビプログラムの頻出といった現象が,特に2000年前後から生じてきている.例えば,2001年からフジテレビ系列で放映された「ビューティコロシアム」は,最新のメイキャップ,ヘアメイク術やファッション情報を提供する番組であったと同時に,美容整形の認知度(容認度?)を高める代表的なプログラムであった[4].

では,実際の考察を始める前に,時に「身体改造ブーム」[5]などと言われる現状について,美容整形が人々に受容されるその社会背景から,簡単に概観しておこう.

2-1. 美容整形が許容される社会背景

そもそも美容整形とは,機能的には問題のない身体部位にメスを入れる外科的手術のことである.とりわけ第一次世界大戦後,当時のアメリカにおいて,負傷兵の再建外科医療として発展をみてきた技術である[6].日本でも,大正時代にはすでに整形ブームがあったとされ,第二次大戦を経て徐々に日本社会に浸透していった[7].21世紀を迎えた現在,わが国では,(すでにふれたように)時に「整形ブーム」と呼ばれるような現状にある.例えば通過儀礼という形で,何らかの身体改造を強要する習慣がこの社会にあるわけではないにもかかわらず,である.ではなぜ,そうせねばならないという脅迫的な気持ちにすらかき立てられてしまう現代人が増えてきているのか.まずはその背景に,現代社会の特質が大きく関係していることを理解しておかねばならない.

---

[4] この番組は,2001年10月26日から2003年9月19日までのおよそ2年間,夜7時台というゴールデンタイムで放送された.その後も,年に2〜3回,2時間のスペシャル番組として放映されている(2007年夏現在).他にも,お昼の顔と言われるやはりフジテレビ系列の長寿番組で,大手美容整形外科がスポンサーとなっている「笑っていいとも!」でもほぼ同時期に,整形した美女(美男)を登場させるコーナーがあった.

[5] 例えば産経新聞(2004年10月6日)では,「なぜ整形?深まる議論」という特集記事のなかで,美容整形に代表される身体改造がブームであるとの認識を前提に,中村うさぎと石井政之の対談を中心に,識者の見解を紹介している.

[6] とりわけ20世紀に入ってからの美容整形の歴史に関しては,ハイケン,E.(1997=1999)参照のこと.

[7] 山下柚美(2001)参照のこと.

第3章　なぜあなたは身体を変えたいの？

　ボードリヤール（1970＝1995）は，かつて農民が社会の多数派であった伝統的社会において身体は，「神による選抜と救済の印」として，つまり「私」が自分自身で自由に利用できる範囲の外にあるモノとして考えられていた，と述べている．彼の言う伝統的な社会にあって身体は，「私」の意志で自由に改造してよいものとは考えられていなかったのである．さらに，彼／彼女らにとっての身体とは，労働のための「道具」としての意味をもつにすぎなかった，と述べられている．身体とは何よりもまず，自身の生活，イエ（家），共同体を存続させるための労働の道具として，考えられていたのである．それが，資本主義社会へと移行していくとともに，身体は，「私」の所有物となり，それゆえいかようにも操作してよいものと考えられるようになっていく．そして，現代を生きる私たちは，その身体を，常に他者からの視線に耐え得るようなものとして保持するよう努力し続けなければならなくなってきている，というのである．キリスト教や儒教といった宗教的な倫理が，絶対的な価値基準として人々を拘束しなくなり，また，多くが他者と接する職業へと従事するようになった現代社会（特に先進諸国）においては，もはや身体は，聖なるモノでもあるいは生産のもととなる道具的なモノでさえなくなったのである．

　同時に，ボードリヤールの指摘する「記号的消費」が中心となる現代では，原則として地位や身分にかかわらず，あらゆる人々があらゆる商品を消費することが許される社会となっている[8]．相対的に豊かになり，かつ，美容整形の技術が進歩するに伴い，（自分にとって）理想的な身体のために投資することを誰しもが許されているのである．「魔術的」（あるいは「聖的」）・「道具的」存在から，記号的消費社会における「消費財」へ．身体を取り巻くこうした倫理観の変容が，現代の美容整形に向かう若者たちに影響している点を，まず確認しておこう．

2-2．心理主義化社会と身体改造

　身体を，1つの商品として消費することを許容する，そうした社会背景をま

---

[8] ここでいう記号的消費社会とは，①原則として商品が誰にとってもアクセス・フリーであること（つまり，誰でもどんなモノでもお金さえあれば買うことができること），②商品が，その物質的素材のありようから相対的に独立していること（つまり，商品の実質より，それに付与されているイメージ＝記号が消費されること）という2つの条件を満たしているものを指す（浅野智彦 2000）．

ず確認した．だが，美容整形が認知されていく背景には，もう1つ，人々に積極的に身体改造を促す道徳の存在を指摘しておかねばならない．

ハイケン，E. は，1920年頃，アメリカの大衆に急速に浸透し始めた心理学，なかでも「劣等感」という概念の普及が，美容整形に積極的な意味づけをした，と述べる（1997＝1999）．肉体的なコンプレックスをもつ者は，「競争社会で成功するのに必要な自己宣伝や売り込みが積極的にでき」ず，その結果，精神的に不安定になり，劣等感を抱くようになってしまう．そのような考え方が一般化することで，肉体的なコンプレックスを美容整形によって取り除くことに積極的な意味がもたらされるようになったというのである．

日本でも，現代を心理主義化，または，心理学主義化した社会と特徴づける論者がいる*9．現代の日本は，トラウマやACといった，本来は心理学や精神医療の分野で用いられていたジャーゴン（専門用語）が，一般に浸透し流通する社会となった．その背景には，森真一（2000）が指摘しているように，「心理」や「きもち」といった，いわば個人の内面を何より尊重せねばならないという風潮がある（このように，公共の利益よりも，個人の内面を重視する傾向が強い人々の増加は，とりわけ70年代以降の日本では若者に限らない流れだといえる）．こうした社会のなかにあって，醜い外面が理由で「私」の「こころ」が傷ついているとするなら，身体改造に積極的な意味を見出す者たちが増加してもおかしくはない．

さらに付け加えれば，様々なメディアによって理想的な身体像が（過剰なまでに）提示され続けるのも現代社会の特徴であることも忘れてはならない．なかでも，美容整形外科やエステティックサロンなどの身体改造系産業から発せられるメッセージは，少しでも理想的な身体に近づくべく努力する必要性を強調する（あるいは強迫する！）*10．そしてそれらの広告は，特に身体のみならず「こころ」に不安や不満をもつ者にとっても，きわめてわかりやすく（そして当然）可視的な形で，その解決策およびそれらが解決された状態（理想的な

---

*9 すぐあとに紹介する森の他にも，斉藤環（2003），樫村愛子（2003）など参照のこと．
*10 例えば女性ファッション誌の特に巻末には，こうした身体改造系産業の公告が載らないものを探し出すことの方が難しい．男性誌においては，頭髪に関する公告，筋肉増強のためのグッズの広告等により，理想の身体と，その実現のための方法が示される．

「本当の自分」）を指し示してくれるのである．

身体が，記号的消費社会における1つの消費財となったこと，そして，心理主義社会において自分探しの1つの方法として身体改造に積極的な意味が見出され得ること．まずはこの現代社会の特徴と身体改造の関連を確認し，以下の考察に入っていくこととしよう．

3. 美容整形を望む若者たちの特性

まずは，表3・1をみていただきたい．これは，本章で主に用いられている2002年の青少年研究会調査からの結果である．この調査では，美容整形経験，および今後整形を希望するか否かについて尋ねている．この表は，その経験者および希望者の基本属性を示したものである．

表3・1　美容整形経験者・希望者の基本属性

	回答者全体に対する割合（％）	実数	女性の割合（％）	平均年齢	一番多い職業
美容整形経験者	0.7	8	75	21.8	学生
美容整形希望者	12.8	138	80	22.3	学生
回答者全体	—	—	55	22.6	学生

性別では，経験者，希望者ともに女性の割合が多い．性別と各項目をクロスさせてカイ2乗検定にかけると，美容整形希望者に関しては特に，0％水準で有意という結果である．美容整形への興味，関心は，とりわけ女性に強いといえる．また，年齢と職業を見てみると，経験者，希望者ともに約22歳で，学生が一番多くなっている．

では，経験者・希望者の回答者全体におけるその割合を確認しておこう．美容整形経験者は全体の1％にも満たない．ただ，希望者ではおよそ13％となる．ちなみに，ポーラ文化研究所が2000年に行なった調査によると，15〜18歳では，美容整形経験者が0％，今後希望する者が26％，19〜23歳では同じく前者で2.1％後者で15％，24〜29歳では前者で2.9％後者で13％という結果となっている[11]．この調査は女性だけを対象としている．そこで本調査に

---

[11] 『化粧文化No.41』．

おいても，女性のみに限って見てみると，経験者は1％と両性の合算と同じ，希望者は18.5％と両性を合わせたものよりも若干高くなる．このポーラ文化研究所の調査とほぼ対応する世代を比較すると，青少年研調査では，経験者の割合がやや低く，希望者の割合は（15～18歳を除けば）やや高めであるといえそうだ．

ではいよいよ，美容整形経験者および希望者の特性について見ていくことにしたい．これからの分析は，本調査において，美容整形経験者・希望者と比較的強い相関をもつ自己意識項目，および他者意識項目を探索的に抽出し，その後，さらにクロス分析を中心に，彼／彼女らの特性を導き出すという手法を用いて進められていく．

3-1. 美容整形経験者の自己意識

最初に，美容整形経験者を見ていこう．だが，美容整形経験者はなにしろサンプル数が少なく，統計上有意な結果を得られにくい．その点を踏まえながらも，あえて彼／彼女らの自己意識をめぐる特徴をまとめると，次のようになる．

表3・2を見ていただければわかる通り，美容整形経験者は，自己肯定感（「自分が好き」）がきわめて低く，現状の自己をこのままでよいとも思っていないし，さらに現在の生活にむなしさを感じている．身体の一部を外科的手術により自分の"思い通りに"加工するという，いわば究極の身体改造を経験したにもかかわらず，彼／彼女らはその生活意識において不安やむなしさといったネガティヴな意識をもつ傾向にある．それはなぜか．

表3・2 美容整形経験者の自己肯定感 (%)

	自分が好き		今のままの自分でよい		いまの生活がむなしく感じるときがある	
	好き	嫌い	思う	思わない	ある	ない
美容整形経験者	57.1 (4)	42.9 (3)	28.6 (2)	71.4 (5)	75.0 (6)	25.0 (2)

注）（ ）内は度数．他表も同様

整形による外面的変化が思ったほどではない，つまり，自分がイメージしていたほどは改善されなかった（もしくは，逆に悪くなってしまった）結果として，このようなネガティヴな意識が生まれているのだとすればその理由は比較的わかりやすい．彼／彼女らは，まだまだ現状の身体に不満を感じている結果

だということなのだろう．実際，経験者の半数は，今後も美容整形を受けてみたいと答えている．

だが，この自己肯定感の低さ，現状の自己に対する不満感やむなしさは，ただその身体のありようのみに起因するものなのだろうか．残念ながら本調査の結果だけから，この点について確かなことは指摘できない．しかし，統計上有意な結果が比較的多く得られた美容整形希望者について検証していくと，身体と自己，身体と他者との間に，それぞれ特徴ある関連がみられることが明らかになってくる．

3-2．美容整形希望者の自己意識と他者関係

そこで，美容整形希望者の特性を，特に，自己意識，および他者関係をめぐる意識に着目してみていきたい．

表3・3　外見へのこだわり（美容整形希望者）　　（％）

	相手の容姿や顔立ちが自分の好みであること	相手のファッションが自分の好みであること
	重要だ	重要だ
美容整形希望者	71.4	31.9
検定結果	*	**
全体	21.0	25.1

注）検定はカイ2乗検定による　*…p＜0.05　**…p＜0.01

まず確認しておきたいのは，美容整形希望者は，外見に対するこだわりが強い人々だ，という点である（表3・3を参照）．この調査では，友人を選ぶときの基準として「相手の容姿や顔立ちが自分の好みであること」，「相手のファッションが自分好みであること」を重視するかどうかという質問を設けている．この問いに対して，美容整形希望者は，友人を選ぶとき，相手の外見，身体の形状を重視すると答える傾向が強い．友人を選ぶときの基準として，その容姿やファッションという外見を重視するということは，おそらく，彼／彼女ら自身の外見，身体に対する関心も（少なくとも意識の面では）高いということだ．そもそも自らの外見にこだわりのない者が，身近な他者の容姿やファッションを気にかけるとは思われない．美容整形希望者は，他者および自己の外見（すなわち身体）への関心が高い者たちである点をまず確認しておこう．

3. 美容整形を望む若者たちの特性

次に，美容整形希望者の自己および他者関係をめぐる特性を見ていこう．

彼／彼女らは，経験者以上に自己評価が低いのが特徴だ（表3・4を参照）．また，どこかにいまの自分とは違う本当の自分があり，かつ，なりたい自分になるための努力は重要だと思っている．ここから，自分あるいは自分らしさに対するこだわりは，他の経験者および希望者と比較して高いことがみてとれる．その反面で，彼らは，自己喪失感（「自分がどんな人間かわからなくなるときがある」）が高く，現在の生活にむなしさを感じ満足感も低い．自分らしさへのこだわりがある反面で，現況の自分に対する不安や不満も高いのである．

表3・4　美容整形希望者の自己肯定感　　　　　　　　　（％）

	自分が好き		今のままの自分でよい		どこかにいまの自分とは違う本当の自分がある	
	好き	嫌い	思う	思わない	ある	ない
美容整形希望者	58.1	41.9	37.2	62.8	45.3	54.7
検定結果	**		**		*	
全体	70.5	29.5	50.6	49.4	34.0	66.0

注）検定はカイ2乗検定による　＊…p＜0.05　＊＊…p＜0.01

表3・5　自分らしさへのこだわり（美容整形希望者）（％）

	なりたい自分になるためには努力大切	
	思う	思わない
美容整形希望者	89.1	10.9
検定結果	*	
全体	82.6	17.4

注）検定はカイ2乗検定による　＊…p＜0.05

また，父親母親両者との関係に不満をもっているのも彼／彼女らの特徴だ（表3・6を参照）．さらに，統計上有意な差ではないが，親友との関係も回答者全体より不満であるとする者の割合が多い[*12]．

表3・7にみるように，友人という親密な他者との関係において，彼／彼女らは，一人でいると孤独を感じる傾向が強いと同時に，仲の良い友達でも私のこ

[*12] 回答者全体では，55.2％が「満足している」と答えているが，美容整形希望者ではそれが40％にとどまっている

とをわかっていないと感じている点にも注目したい．一人でいるのは寂しいからといって，仲のよい友だちといたとしても自分のことを理解してくれていないと感じてしまう……．仲のよい友だちが自分のことをわかってくれないと感じているからといって，必ずしも孤独を感じたり寂しさを感じたりしているわけではないだろう．そもそも，お互いによくわかり合える関係を忌避するタイプだっている．なんとなく一緒にいて，お互いに深入りしない関係，（藤村正之の言葉を借りれば）「みんなぼっち」的関係性を好む若者には，こうしたタイプが多いと考えられる．

しかしその一方で，本当は，互いによく理解し合えるような関係を求めながら，このように感じているのであるとすれば，おそらくそうした若者たちは，仲のよい友だちとかかわっていながらも孤独や寂しさを感じているのかもしれない．いずれの場合にしろ，美容整形希望者は，比較的親密な他者とのかかわりにあまり積極的ではない（あるいは積極的になれていない）と言うことができる．

表3・6　両親との関係（美容整形希望者）　　　　　　（%）

	父親との関係に満足			母親との関係に満足		
	満足	不満	父親いない	満足	不満	母親いない
美容整形希望者	65.2	23.0	11.9	78.5	17.0	4.4
検定結果	*			*		
全体	76.5	16.4	7.1	87.2	10.8	2.0

注）検定はカイ2乗検定による　＊…＜0.05

表3・7　親密な他者との関係（美容整形希望者）　　　（%）

	仲のよい友達でも私のことをわかっていない		ひとりでいると孤独を感じる	
	思う	思わない	思う	思わない
美容整形希望者	42.5	57.8	54.2	45.8
検定結果	**		*	
全体	29.8	70.2	44.6	55.4

注）検定はカイ2乗検定による　＊…p＜0.05　＊＊…p＜0.01

3-3. 美容整形からみる身体改造の意義

以上みてきたように，彼／彼女らは自分らしさへのこだわりが強い若者たちである．と同時に，自己をめぐる意識においてネガティヴな色彩を濃く漂わせている．彼／彼女らが美容整形を希望しているその背景には，こうした現状の自己をめぐる不安や不満があるといってよいのではないだろうか．自己への意識が高い反面で（あるいは高いからこそ）感じられている不安や不満感の解消の手立てとして，美容整形が望まれているという可能性が高いのではないか．とすれば，美容整形を受けることにより思い通りの外見を獲得した暁には，彼／彼女らのネガティヴな意識はポジティヴなものへと変化していくのかもしれない．

しかし一方で，たとえ外見が変わり，意識がポジティヴに変化したからといって，親密な他者への不満が満足へと変わっていくとは限らない．本調査でも確認されているように，自己肯定感の低さと，他者関係をめぐる充足感・満足感の低さは正の相関関係にある．これは，他者関係に満足していなければ，自己肯定感は高まらないということであるし，逆に，たとえ自己肯定感が高まったとしても，他者関係に対する満足度が上がるわけではない，ということを示している．

4. 小括—社会関係，「私」，そして身体

4-1. メディアとしての身体

若者たちを身体改造へと誘うその入り口に，"キレイになりたい"，"モテたい"等々といった比較的"わかりやすい"動機があることは確かだろう[*13]．しかし，本章での考察を通して，美容整形という身体改造を望む彼／彼女らは，自己や他者関係をめぐる不安や不満を抱いているという側面が見えてきた．果たして彼／彼女らが，自己および他者関係をめぐる不安や不満の解消を求めて，美容整形という身体改造を望んでいるのかどうか，そのはっきりとした因果関

[*13] そうはいっても，現在の社会で「キレイ」とされる，いわば好ましい"流行の"身体をめぐる基準に明確な要素を見い出すことは難しい．美は常に，不確定なものであるしかない．川添裕子（2001）は，わが国において美容整形を望む人々は，「より美しくなる」ためではなく，「普通になる」ために施術を望むと述べている．しかし，川添自身が指摘するように，「普通」という概念も美と同様，やはりその基準は不明確な「幻想」にすぎないのである．

係をこの調査のみから指摘することは残念ながらできない．しかし，（社会心理学者のミード，G. H. の指摘を待つまでもなく，）自己は他者とのかかわりのなかで作られ，生きられる存在であると考えるなら，少なくとも自己と他者関係をめぐる私たちの評価は，きわめて強い結びつきがあると言える．そして，他者とのかかわり，つまり日々繰り広げられているコミュニケーションにおいて，きわめて重要な役割を果たしているものの1つが，身体である．身体は，日々営まれるコミュニケーションにおいて，大変重要なメディアなのである．

　私たちは，日常のコミュニケーションにおいて，言葉以外でも，身体を通して様々な情報を他者に伝えている（あるいは，予期せず伝えてしまっている）．また，言葉にはしなくとも，今そのときに思った感情がちょっとした表情の変化やしぐさから相手に伝わってしまうなどということもよく経験する．さらに身体は，それだけでその人の性格や特性を示す，いうなれば「私」についての（外見に対する）"内面"の情報を他者に示してしまうメディアでもある．私たちは，身体を通して，その人となりつまり"内面"を推察し，そのうえで日常的に他者とコミュニケーションをしているのだ．

　その身体に，人工的に何らかの手を加える身体改造という行為は，それを所有している「私」をめぐる"情報操作"だと言える．つまり，身体を改造するということは，「私」自身が当の「私」をどのように他者に表示したいと思っているか，さらに，どのような他者関係を望んでいるのかを表す行為だと考えることが可能なのである．鍋田恭孝（2004）は，醜形恐怖症および摂食障害に悩む人々に共通しているのは，「「このような容姿では相手にされない，受け入れてもらえない，忌避されるに違いない」という対人関係的・社会的な恐れが背景に存在していること」だと指摘している．コミュニケーション・メディアとしての身体を，自らの思いのままに改造することにより他者とのかかわりのなかで生じる不安や不満を解消しようとし，より心地よい関係性へと変化させようと望む傾向は，病に悩む者以外の多くの若者たちにも十分あてはまるものではないだろうか．

4-2. 身体，「私」，他者

　『蛇にピアス』の主人公ルイは，「頭ん中も生活も未来も真っ暗」な日常をやり過ごしながら，スプリットタンになるための努力だけはやめなかった（そう

することが彼女にとって唯一の生の証でもあった）．だが，「蛇の舌」になることを彼女に決意させたアマの死とともに，ルイはスプリットタン（あるいはスプリットタンをもつ「私」自身）への興味を失ってしまう．これは，「私」がその身体を変わったと実感するためには，身体の理想的なカタチのみならず，それを承認してくれる重要な他者の存在が必要であることを伝えてくれる．ルイのみならず，私たちが理想的だと感じる身体にとっても，それぞれの「私」にとってのアマの存在が不可欠だと言えるのだ．

　この現代の寓話は，理想的な身体を獲得・維持するためには重要な他者が不可欠であることを伝えていると同時に，もう１つ，親密な他者とのかかわりにおける身体の，今を生きる若者にとってのある特徴的な意味を示してくれてもいる．ルイとアマは，一般に親密な他者であるならば当然知っていると思われる，お互いの年齢や本名すら（アマが死ぬまで）わからない，あるいはあえて知ろうとしない，そういう関係にあった．おそらく一般には，名前も年齢もわからない相手と親密な関係に至るといえば，それは"行きずりの恋"とでも呼ばれ得る刹那的なそして，親密さの薄い間柄だと考えられるのではないだろうか．しかし，ルイにとってアマ（おそらくアマにとってのルイも）が重要な他者，親密な他者であったことは間違いない．関係の薄さと濃さ，それが奇妙に同居した親密な関係．もし，こうした親密さが現代若者の他者関係における特質だと考えるなら，身体こそが唯一，「私」と他者をつなぐ可視的で，そして最も確かなメディアとなっているのかもしれない．だとすれば現代においては，重要な他者，親密な他者とつながっているために，あるいはそのつながりを実感するために，身体を改造するという選択肢が選ばれうるという側面もまた，考慮されねばならないだろう．

　他者とのかかわりの網の目に生きる存在である「私」の身体は，いまや，他者関係のありように呼応して変化させられたり不変であり続けたりするものとなったと言える．そして，現代の若者は，そんな身体を抱えながら，この社会をサヴァイブしようとしていることを忘れてはならないだろう．

第3章　なぜあなたは身体を変えたいの？

参考文献

浅野千恵, 1996, 『女はなぜやせようとするのか　摂食障害とジェンダー』勁草書房.
浅野智彦, 2000, 「消費社会とはどのような社会か?」大沢真幸編『社会学の知』33, 新書館.
Baudrillard, Jean, 1970, *LA SOCIÉTÉ DE CONSOMMATION; Ses Mythes, Ses Structures*. Denoël. (＝1995, 今村仁司他訳『消費社会の神話と構造』紀伊國屋書店).
Haiken, Elizabeth, 1997, *Venus Envy; A History of Cosmetic Surgery*. The Johns Hopkins University Press. (＝1999, 野中邦子訳『プラスチック・ビューティー　美容整形の文化史』平凡社).
石井政之, 2003, 『肉体不平等』平凡社新書.
樫村愛子, 2003, 『「心理学化する社会」の臨床社会学』世織書房.
金原ひとみ, 2004, 「蛇にピアス」『文藝春秋』2004年3月特別号.
川添裕子, 2001, 「美容外科手術と外見―「普通になりたい」」『化粧文化』41, ポーラ文化研究所.
森真一, 2000, 『自己コントロールの檻　感情マネジメント社会の現実』講談社選書メチエ.
村澤博人・阿保真由美, 2001, 「アンケートにみる美容整形観」『化粧文化』41.
鍋田恭孝, 2004, 「容姿の美醜に関する病理－醜形恐怖症を中心に」『こころの科学117号』日本評論社.
荻野美穂, 2002, 『ジェンダー化される身体』勁草書房.
ポッシュ, ヴァルトラウト, 2003, 『なぜそんなに痩せたいの？　「美人」になりたい女の社会心理学』TBSブリタニカ.
斉藤環, 2003, 『心理学化する社会　なぜ, トラウマと癒しが求められるのか』PHP.
山下柚美, 2001, 『美容整形　「美しさ」から「変身」へ』文春文庫PLUS.

ひきこもる若者たちの自己防衛戦略

第4章

石川良子

1. はじめに

　引きこもりを始めてから1年半が経とうとしている．外出するのが苦痛になって，窓に黒いケントを貼った．雨戸がないのでカーテンだけでは外光が洩れる．光が部屋の中に差し込むのが我慢ならなかった．黒のケント紙が少しずつ湿気で剥がれてくると，上から補修した．今では，黒い紙は何重にも自分と外を遮断している．
　外の音も聞きたくなかった．特に下の道を通る人の話し声や，挨拶を聞くのもいやだった．外側に大勢の人間たちがいて，会話や仕事や恋愛をしている．窓に黒いケント紙を貼っても，そういう現実を完全に遮断できるわけではない．そんなことはよくわかっていた．だが自分以外の人々は，逃げずに現実を生きていて，いろいろな場所へ出かけ，さまざまな他人と出会いながら人生を楽しんでいるのだ．そういったごく当たり前の生活を送る人間たちの声を聞きたくなかった．

村上龍の小説『最後の家族』（幻冬舎，2001）は，このように，ひきこもる若者の日常と心理を切り取るところから始まる．あなたはこの一節を読んでどのような印象をもっただろうか．
　すべての窓が黒い紙で覆われた薄暗い部屋と，そこに閉じこもっている若者の姿を想像して，気持ち悪い，不気味，アブナイ……と感じたかもしれない．また，自分とは縁遠い世界の話のようで関心がもてないという人もいれば，反対になんだか他人事ではないように感じた人もいるかもしれない．
　もちろん，どのような印象をもってもらってもかまわない．ただ，それぞれの印象はひとまず脇に置いて，後半部分に目を向けてほしい．すると，次のよ

第4章　ひきこもる若者たちの自己防衛戦略

うな疑問が浮かんではこないだろうか．

　この若者は，なぜ必死になって「現実」を「遮断」しようとしているのか？
　何のために「ごく当たり前の生活を送る人間たちの声」に耳を塞いでいるのか？
　これが本章の出発点となる問いである．以下では実際にひきこもった経験のある人々へのインタビューから，「ひきこもり」とは具体的にどのようなものなのか描き出してみたい*1．そして，議論をすべて終えた後に，この問いに対する答えを述べることにする．

2．「ひきこもり」とは何か

　あなたは「ひきこもり」についてどれくらいの知識をもっているだろうか．今ではこの言葉を知らない人の方が珍しいと思うが，それでも「家から一歩も出ない」とか「家族とも顔をあわせない」といった漠然としたイメージしかもっていない，という人が圧倒的多数だろう．しかし，「ひきこもり」と呼ばれる状態には，こうしたステレオタイプにあてはまらないものも含まれる．インタビューの検討に入る前に，「ひきこもり」の大まかなイメージを共有するところから始めよう．

　「ひきこもり」は1990年代後半から徐々に関心を集めていたが，2000年に入ってから社会問題として広く認知されるようになった．そのきっかけは，1999年末から数ヵ月の間に続けて起きた犯罪と結びつけられて報道されたことだった*2．図2・1を見ると，2000年に朝日新聞に掲載された関連記事数は前年と比べて3倍以上に跳ね上がっており，このときの認知度の高まりは爆発的だったとさえいえる．

　当初「ひきこもり」は犯罪との関連で注目を集めたために「犯罪者予備軍」との「誤解」を受けることになったが（斎藤 2002），決して悪いことばかりではなかった．どのような形であれ関心が高まったことによって，何よりも「ひ

---

*1　本章で引用するインタビューはすべて，2001年3〜8月に筆者が首都圏で活動する自助グループの参加者に対していったものである．対象者の年齢はインタビュー当時のもの．また，引用中の［　］内は筆者による補足である．
*2　京都府での小学生殺害事件（1999年12月），新潟県での少女監禁事件（2000年1月），佐賀県でのバスジャック事件（2000年5月）．

2.「ひきこもり」とは何か

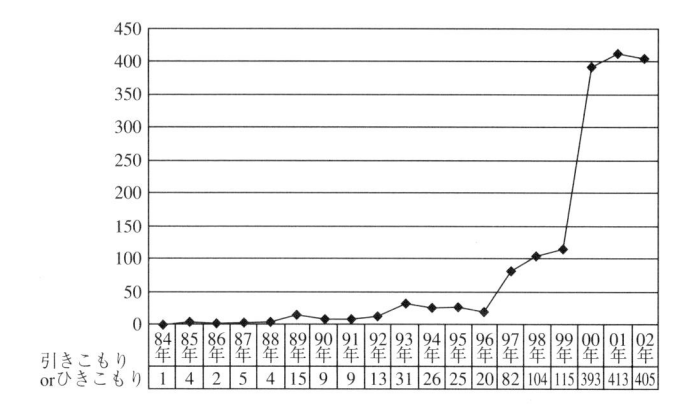

引きこもりorひきこもり	84年	85年	86年	87年	88年	89年	90年	91年	92年	93年	94年	95年	96年	97年	98年	99年	00年	01年	02年
	1	4	2	5	4	15	9	9	13	31	26	25	20	82	104	115	393	413	405

図4・1　朝日新聞における関連記事数の推移[*3]
※川北（2003）による図を一部改変

きこもり」に関する情報量が飛躍的に増加した．1990年代から精神科医・カウンセラー・民間支援団体の主宰者などによる関連書が出版されていたが，2000年以降その数は倍増している．だが，この問題をどう理解するかという点については合意が得られているわけではなく，定義も各論者が独自に行なっているのが現状である．

ここでは，そのなかから塩倉裕によるものを紹介したい．この定義では若者自身の視点を積極的に取り入れようとしており，「ひきこもり」がどのようなものかイメージを描きやすいのではないかと思うからだ．塩倉は次のように定義を行なっている（塩倉 2000：205-9）．

　　対人関係と社会的活動からの撤退が本人の意図を超えて長期間続いている状態であり，家族とのみ対人関係を保持している場合を含む．

ポイントを順に説明していこう[*4]．

[*3]　朝日新聞の記事データベース（Digital News Archives）で「引きこもり（ひきこもり）」をキーワード検索した結果をまとめたもの．現在のような意味での「ひきこもり」が初めて登場したのは1990年で（「若者の無気力を分析してみました／平成元年版青少年白書」1月12日夕刊），それ以前は「部屋に引きこもりがちな障害者（高齢者）」といった記事内容である（川北 2003）．

[*4]　このなかでは触れられていないが，精神障害との関連も「ひきこもり」を定義するうえでのポイントになってきた．現在では「ひきこもり≠病気」という見解が定着しており，厚生労働省による対応のガイドラインでも「明確な疾患や障害の存在が考えられない」ものに限定されている（厚生労働省 2003）．

55

（1）「対人関係」：対人関係からの退避のレベルは様々だが，大きくは次の2つに分けられる．1つは「部屋にこもって家族とも対話的なコミュニケーションをしないケース」である．先ほど挙げたステレオタイプなイメージはこれに近いが，「ひきこもり」とは別に「閉じこもり」という言葉で表現されることもある（石川2003）．もう1つは「部屋から出て家族とはコミュニケーションできるが，それ以外の第三者とはできないケース」で，家族以外にもごく親しい友人とは関係を保っている場合もある．

また，後者には「対話的コミュニケーションを取り結ぶことを要請されない場面には限定的に外出できる」というケース，具体的にはコンビニエンスストアや書店など他者とのやりとりが必要のない場には出られるようなケースが含まれる．意外に思う人が多いかもしれないが，「ひきこもり」とは外に一歩も出ない（出られない）状態だけではなく，もう少し幅広いものとして捉えられているのである．なお，本章では後者のようなケースを中心に取り上げるが，この点については次節で改めて述べる．

（2）「社会的活動」：塩倉は「労働や消費，政治，教育活動」などを挙げているが，「ひきこもり」をめぐる議論で中心的に取り上げられるのは労働の問題である．だが，"回復"の基準としては就労の達成ではなく，家族以外の対人関係の獲得が重視されている（塩倉2002，斎藤2002）．つまり，「ひきこもり」とは就労および外出の有無によって定義されるものではないのである．基本的には，（家族以外の）他者との関わりが失われている状態，と理解しておいてほしい．

（3）「本人の意図を超えて」：これは，当人が望んでひきこもっているわけではない，ということを意味する．つまり，ひきこもっている状態から抜け出そうとする意志があるにもかかわらず，そうできないことが問題とされているのだ．この点は本章全体の議論と密接に関連しているため，節を改めて詳しく述べることにしよう．

3．自己防衛戦略としての「ひきこもり」

従来「ひきこもり」に関して何よりも強調されてきたのは，本人はひきこもりたくてひきこもっているのではない，ということだった．ここで「出たいのに

3. 自己防衛戦略としての「ひきこもり」

出られないのは意志が弱いからだ」と思った人がいるかもしれない．しかし，出たいと思ったときにあっさり出られるくらいなら，わざわざ「ひきこもり」として問題化するまでもないだろう[*5]．本人が出たがっても簡単には出られないところに，「ひきこもり」の最大の難しさがあるのだ．

ただし，比較的短期間であれば，「ひきこもり」は「休養」として有意義な経験になり得るという意見もある（田中1996，斎藤1998）．こうした抜け出しがたさは，「ひきこもり」が長引くことによって生じてくるものなのである．そして，この問題の背後には「本人が抜け出したいと願っても容易には抜け出せなくさせる構造」（塩倉2000：210）が潜んでいることが繰り返し指摘されてきた．

「構造」などと言うと難しそうだが，要は図4・2のような悪循環のことである．具体的に言えば，「ひきこもり」が長期化することで「社会に出なければならない」という焦りや不安が生じてくるが，それが大きくなりすぎると身動きがとれなくなり，さらに焦る気持ちばかりが膨らんで余計に「ひきこもり」から抜け出せなくなる，といった具合だ．ここに家族からの説教や叱咤激励が加われば，ますます当人にのしかかるプレッシャーは大きくなり，それだけ悪循環が強化されることになる．

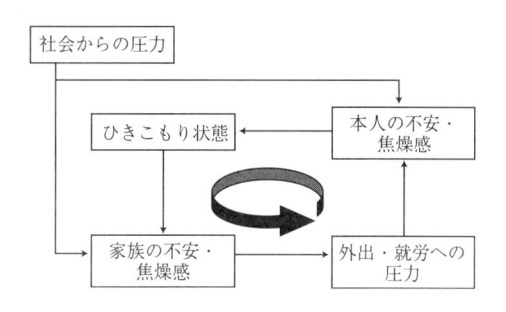

図4・2 「ひきこもり」の悪循環の模式図（その1）
斉藤環（『社会的ひきこもり』PHP新書，1998）による図を一部改変

ここで重要なのは，「社会に出なければならない」という思いが強いほど，かえって「ひきこもり」から抜け出しにくくなる，という逆説的な事態が生じていることだ．「今のままでいいんだ」と開き直れるなら，そもそも不安や焦燥感が生じることもないだろう．

さらに，このような強い規範意識は，もう1つの悪循環を生み出すことになる．それが図4・3である．

[*5] したがって，「胸を張って，本気で，『自分は出たくない』という人がいるとすれば，それはその人の生き方の問題」だから口出しはできない，ということも同時に言われてきた（工藤他2004：14）．

第4章　ひきこもる若者たちの自己防衛戦略

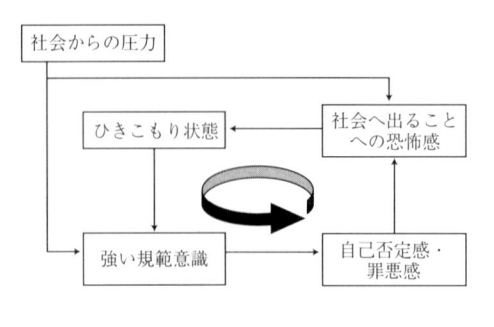

図4・3　「ひきこもり」の悪循環の模式図（その2）

　　これは，「ひきこもっていてはいけない」という強い規範意識のために自己評価が著しく低下し，そのことが社会に出ることへの恐怖感を生み出してさらにひきこもっていく，というものだ．自己に対して厳しい視線を投げかけているのは，自己自身であると同時に内なる社会でもある．「社会に出なければならない」とは思っても，出ようとしている先は自己を否定してきた当の社会である．こうして，ひきこもることは自己否定感を生み，それは社会や他者に対する恐怖感へと連鎖していくのだ．

　以下に引用するのは，長年にわたるイジメに耐えかねて高校を中退して7年間ひきこもったというAさん（29歳男性）の語りである．これは「ひきこもり」から抜け出したくても抜け出せないというジレンマについて語ってもらった部分だ．

　　やっぱり，ずっと外に出なくて，学校にもどこにも行かなくて，働かなくてっていう負い目があって……それを罪悪感ていうのかな，それがあって．……なんだろう……何かね，何かあるんだけどうまく言葉にできないんだよね．……あの，まあ，とりあえずまず，その罪悪感があって．（中略）……えーっと，そのずっとひきこもっていたっていう罪悪感が，その……罪悪感と，あと今まで何にもしてきてないっていう……その，経験も何にもないっていう……その自信のなさがあって，で……それで，やっぱり……1つは自信のなさと，罪悪感と……．

　このなかに「負い目」「罪悪感」「自信のなさ」という言葉は7回も登場している．この部分からだけでも，彼の自己否定感の強さが十分に伝わってくるだろう．ここからは，ひきこもっている自分を否定すればするほど，そういう自分の存在を他者に晒せなくなり，さらにひきこもっていくという堂々めぐりが生じていることがうかがえる．

ここで強調しておきたいのは，ひきこもる若者たち自身「社会に出なければならない」「ひきこもっている自分はダメな人間だ」という思いを非常に強く抱いている，ということだ．それゆえ，ひきこもり続けることは自分を痛めつけることにしかならない．だが，彼らの目に映っている社会は，決して彼らを温かく迎えてくれるようなところではない．彼らにとって社会に出ることは，ひきこもり続けるのと同じくらい辛く苦しいことなのである．

　このような閉塞した状況のなかで自分を守るためには，ひきこもるしかなかった．次のBさん（26歳男性）の言葉からは，そんな悲痛さが伝わってくる[*6]．

　　ひきこもっている本人は（中略）なんとかこの状態から脱却したいと思っています．でもどうしたらいいかわからないし，これ以上傷つかないために，仕方なくひきこもり続けているのです．

　このように，当事者からすれば「ひきこもり」には自己防衛のためのやむにやまれぬ手段としての側面があることがわかる．では，その手段とは具体的にどのようなものか．次節では，これをインタビューでの語りから明らかにしたい．

4．ひきこもる若者たちの自己防衛戦略

　先ほど述べたように，「ひきこもり」と一口に言ってもその状態像は多様である（外出もできないし家族とも関われない／外出できないが家族とは関われる／外出もできて家族とも関われるが友人はいない等々）．そこで，以下では「どこなら出られて，どこには出られないのか」また「誰なら会えて，誰とは会えないのか」という点に着目して，ひきこもる若者たちの自己防衛戦略を明らかにしていきたい．

　そのための手がかりとして，ここではゴフマンによる「パッシング」に関する議論を参照する．パッシングとは簡単にいえば，表沙汰になれば嘲笑や非難といった他者の否定的な反作用を喚起しうる自己についての情報（ゴフマンはこれを「スティグマ」と呼ぶ）を操作し，"普通の人" としてその場をやり過ごすための戦略である（Goffman 1963 = 1970）．「ひきこもり」の当事者た

[*6] 2000年5月，テレビ朝日系のニュース番組で「ひきこもりは贅沢だ」というコメンテーターの発言が問題になったとき，Bさんが番組宛に送った文章を見せてもらった．

第4章　ひきこもる若者たちの自己防衛戦略

ちは，他者のネガティブな視線に晒されないようにするため，いったい何をしているのか．こうした観点からインタビューを検討することによって，「ひきこもり」を合理的な戦略として理解することが可能になるだろう．

4-1．個人として特定される状況を回避する

「僕は部屋のなかに閉じこもってたわけじゃないんですが，外でひきこもってたんですよ」とCさん（26歳男性）は語る．Cさんがひきこもったきっかけは，大学4年生になっても就職活動と卒業論文に一切手がつけられず，留年したことだった．留年後，下宿先から実家へ連れ戻されたが，それでも「問題のある自分」を両親に「晒す」ことはできなかった．そのため，Cさんは大学を退学するまでの約2年半もの間，「うそ通学」―朝学校に出かけるふりをして外出し，夕方まで適当に時間をつぶして帰宅する，という生活を続けた．

その間，Cさんは人が大勢集まる場所を選んで出かけていたという．人目は気にならなかったのかと質問すると，次のような答えが返ってきた．

> 人ごみが嫌いっていう人がいるんですが，僕はすごい人ごみが好きだった．人ごみに紛れるのがすごい楽だったんですね．だから，（中略）そういう所に行って，ずっとじーっとしてました．そこは別に，じーっとしてても目立たないし，楽なんですね．

そして，Cさんはその理由を次のように語った．

> その，不特定多数のなかに紛れられるんですよ．つまり，どこの誰でもなくても大丈夫っていうのがあって．つまり特定されないわけですよね．これだけ人がいれば．だから，あ，Cさんよとか，Cさんのところの長男よとか．そういう特定が絶対にされないんで，それが楽だったんですよね．

ここでのポイントは，人ごみでは「どこの誰でもなくても大丈夫」だという点にある．私たちは，雑踏で行き交う1人1人が何者なのかということを確かめたりはしない．特別に他者の注意を引くことのない「ノーマルな外見」（Goffman 1971）さえ維持していれば，その外見から判断されるカテゴリーの一事例，例えば学生・会社員・主婦等々としてすれ違うだけだ．言うまでもないが，ひきこもっていることは外見からでは判断しようがない．したがって，人ごみに紛れているかぎり，ひきこもっていることが公になることはなく，ゆえに他者から非難されることもないのである．

以上から，コンビニエンスストアや書店などには出かけられる理由も明らかだろう．そこもまた「どこの誰でもなくても大丈夫」なところだからだ．やりとりを求められたとしても，それは単なる客としてであって一個人としてではない．このように，ひきこもっている人々は，自分が何者なのか知られる可能性が低い場には出て行けるのである．

したがって，反対に近隣など自分が「どこの誰」だか知られているところには出て行くことができない，ということになる．ゴフマンによれば，ある人を「知っている」ということは，その人の生活誌的情報を把握していること，すなわち，どういう経歴の持ち主なのか知っていることを意味する（Goffman 1963＝1970：113）．例えば，「Cさんのところの長男」は○○高校から××大学へ進んだらしい，大学に入学して一度家を出たが最近戻ってきたようだ，年齢は20代半ばくらいだ……等々．こうした知識から，「平日の昼間からぶらぶらしてる」のはおかしい，という話になっても不思議はないだろう．

つまり，人ごみなどとは対照的に個人として特定される場では，ひきこもっていることを他者に知られる可能性がきわめて高いのである．Cさんは「それが非常に怖かった」という．なぜなら，周囲から不審の目を向けられれば，「問題のある自分」を強く意識せざるをえないからだ．

といっても，Cさんは実際に近隣の人から否定的な反応をされたことはないそうだ．しかし，その可能性がゼロではないというだけで苦痛が生じるほどに，彼の葛藤は根深いものだったといえる．こう考えると，Cさんにとって人ごみは，自分がひきこもっていることを忘れられるような，数少ない（もしかしたら唯一の）安息の場だったのかもしれない．

4-2．やりとりを求められる状況から全面的に撤退する

また，以上とは少し違った理由から「自分を知る者」との接触を断っていたと語られることもあった．Bさんは大学4年生のとき，これといった明確な理由があったわけではないが留年し，同級生から1年遅れで就職活動を始めた．だが，筆記試験には通っても面接で不採用になることが続き，1つも内定をとれないまま，夏頃に活動するのをやめた．その頃には友人との付き合いも既に疎遠になっており，大学を卒業してから2年半ほどは，家族以外の誰とも接することなく過ごした．

第4章　ひきこもる若者たちの自己防衛戦略

　その間で最も辛かったことは何かと尋ねると，彼は少し考えた後で次のように答えた（Iは筆者）．
　　B：まあ，一番嫌だったのは，これからどうすんのって言われるのが一番嫌だった．
　　I：でも別に誰かに言われたわけじゃ．
　　B：言われたわけじゃないんだけど，でも，じゃ，例えばたまに友達から電話かかってきて，とったりしたら，ところで今何してんの？って言われるような気がしたのね．多分［そういうことがあったら］言われたと思うんだけど．
　　　で，有効にちゃんと明確な説明ができない，から……あ，やだな…．
　Bさんが特に怖れていたのは「これからどうすんの？」「今何してんの？」という問いかけである．相手からすれば他愛ない世間話かもしれないが，その質問は，ひきこもっていることを認められずにいる人にとっては，鋭い刃となりうるのである[*7]．
　しかし，そう聞かれたからといって，馬鹿正直に「自分は今ひきこもっている」と答える必要はあまりない．触れられたくないことを聞かれたら適当にお茶を濁して済ませる，ということを私たちは日常的にやっている．例えば「体を壊して休養中だ」とでも言って，軽く受け流すというのも1つの手ではある．ところが，ひきこもっている人々は，そういうことが極端に苦手なようなのである．この点について，斎藤環は「二面性の使い分けができない」という興味深い指摘を行なっている．

　　ひきこもっている人たちがアルバイトを探す時，特徴的なのは，まず自分の過去を包み隠さず全部話そうとすることです．そんなことしたらダメだから止めなさいと言っても，「自分はひきこもっていました」と最初から打ちあけて，相手にまるごと受け入れて貰おうとする．それはスキルとして本当に下手だとしか言いようがない．「5年フリーターをしていた」

[*7] 「今，何やってるの？」という質問に答えられないということは，ひきこもる若者たちが「自己を語るための語彙」を持たないということを示している．つまり，「ひきこもり」とは対人関係の欠如のみならず「自己を語るための語彙」の喪失という観点からも理解することができる（石川2004a）．また，「自己を語るための語彙」を取り戻すことで，どのように人生を語りなおせるようになったかについては石川（2004b）を参照．

「自営業を手伝っていた」とでも嘘をつけばいいのに，嘘がつけないんですね（北山他2000：19）．

「嘘」をつき通すことができれば，それは少なくとも相手にとっては「嘘」ではない．自分の隠しておきたい情報をうまく制限できれば，その相手の前では"普通の人"でいられる．そうすれば，他者と関わることもできるはずなのだ．

ここで，Aさんに再度ご登場願おう．以下に紹介する彼のエピソードは，そのような事例の1つとして位置づけられる．

Aさんは7年間，両親を除く他者との関わりを一切拒絶していたが，ただ1人だけ例外がいたという．イジメが続いた中学時代のなかでは比較的「平穏な時期」に仲良くなった友人である．中学校を卒業してから数年後に彼の方から連絡があって以来，数ヵ月に1度くらいの頻度でAさんの自宅を訪れるようになったそうだ．しかし，一緒にいる間は「ただ黙々と」「ゲームをするだけ」で，「深く語り合う」ということはなかった．それは今でも変わっておらず，「働いてはいない」とか「プータローやってる」といった話はしてあるが，「ひきこもり」という言葉を使って自分の状況を説明したことはない．その友人は，Aさんが高校を中退したことすら知らないという．

もちろん，Aさんは最初からそうしようと狙っていたわけではない．もう長い間話そうとは思っているのだが，「完全にタイミングを逃しちゃったって感じ」なのだという．だが，そのことが「喉にひっかかって」はいるものの，結果的には互いに「深く突っ込まない」でいるから「うまく距離感が保てて，長いつきあいになってる」のではないか，とAさんは語った．

とはいえ，こうしたケースは珍しいように思う．別のインタビュー対象者は「何やってんの？って聞かれて，いや遊んでるよって，そういうふうに言えちゃうような人だったらひきこもってないんじゃないかな」と語ったが，この言葉は示唆的である．不都合な情報を操作し，何食わぬ顔をして"普通の人"を装えないのならば，残された戦略は1つ．すなわち，自分が何者なのか特定できる他者との接触を一切断つしかないのである．

4-3. 精神的葛藤が助長されるような状況を回避する

さて，ここまでは他者を「自分を知る者」と「自分を知らない者」の2種類に大別し，ひきこもっている人々は，基本的に前者との接触を断っていること

第4章　ひきこもる若者たちの自己防衛戦略

を明らかにしてきた．しかし，2節で紹介した定義に「家族とのみ対人関係を保持している場合を含む」という但し書きがあったように，家族は「自分を知る者」のなかでも例外的な位置にある．ゴフマンが言うところの「親密な関係」とは，相互に多くの情報を所有し，「信頼を失う事情」を含めて知り尽くしている間柄を指すが（*Ibid*: 122），家族はその典型といえるだろう．つまり，彼らはこのような意味での親密な他者とは関わることができるのである[*8]．

　ただし，このことは家族との間にまったく葛藤がないということを意味するのではない．この点について述べることで，ひきこもる人々が最も嫌っているものが見えやすくなるだろう．ここでは，3節に登場したBさんのエピソードを紹介しよう．Bさんは大学を卒業した後の進路が決められなかったことがきっかけで，2年半ひきこもった経験をもつ．兄弟はなく，両親と3人で暮らしている．

　ひきこもっている間，Bさんは父親との接触を極端に避けていたという．父親が会社から「帰ってくる頃になると，［居間から］いなくなったりとか，外行っちゃったりとかして，極力顔［を］あわせないように」していたそうだ．そうするようになったのは大学卒業前後からのことで，この点についてBさんは次のように語っている．

　　　それほど意識しなかったね．［ひきこもる］前は．あ，何かやってるなー，くらいで．……でも，やれ就職活動だ，とかいう話が出てきたあたりから，どうしても意識しないわけにはいかなくなってきて……．大学卒業したら，一般的なコースはそのまま社会人になるわけだから……やってる人［＝父親］と，やれてない自分ていうのをどうしても比較しちゃう．普通にのんびり学生やってる頃はなかったけど．

　Bさんが父親を意識し始めたのは，就職活動に行き詰まり，高校→大学→就職という「一般的なコース」から外れた時期にあたる．父親は「まがりなりにもやりたいこと」を「見つけて，仕事して，生計［を］立て」ながら生きてい

[*8] もちろん，このような他者は家族には限らない．Cさん以外にもう1人，家族以外にもごく親しい友人とは関係を保っている対象者がいた．ただし，そのつきあい方はCさんの語ったそれとは異なり，その友人にだけは「全部包み隠さず」話すことができるから関係を続けてこられたのだという．

る．「自分もそういうふうにならなきゃいけない」とは思うが，今の自分にはそれが「できそうもない」．そのため父親は自分の劣等感を刺激し続ける存在でしかなく，一緒にいると，文字通り「息が詰まる」思いがしたという．

　一方，母親と「衝突」することは，ほとんどなかった．Bさんはその理由を，母親は「別にそういうこと［＝経済的に自立を］しているわけじゃないから」だ，と説明している．つまり，Bさんにとって母親は，自分や父親とは異なる「コース」を歩んでいる存在として捉えられており，したがって接触を避ける必要も感じられなかったのである．

　このように，家族の中でも，言い換えれば同じように「自分を知る者」であっても，相手によって関われたり関われなかったりすることがあるのだ．自分がひきこもっていることを相手が知っているかどうか，ということは大して問題ではないのである．以下では，Bさんが何を忌避していたのかが端的に語られている．

> 聞かれる，あるいは聞かれるような気がする．例えばそれは親でもいいけど，なんで働かないんだ，とかさ．それは友だちだったりしてもいいんだけど．それに触れられたくないから，外に出ないでどんどんどんどんずるずるって下がっていって．

　Bさんが避けていたのは，特定の誰かではない．「それは親でもいい」し「友だちだったりしてもいい」．要は，自己を望ましくないものとして意識させるようなやりとり——例えば「なんで働かないんだ」という問いかけ——が問題なのである．言い換えれば，ひきこもる人々は，自らの精神的葛藤を助長されることが予期される状況すべてを回避しているのである．

5．おわりに

　最初の問いに戻ろう．冒頭の引用で描かれていたのは，黒い紙ですべての窓を塞ぎ，「外」の気配が部屋に侵入してくるのを何とかして防ごうとする若者の姿だった．この若者は，なぜ部屋の外の「現実」を「遮断」しようとしているのか？　何のために「ごく当たり前の生活を送る人間たちの声」に耳を塞いでいるのか？　以上の議論から，答えは明らかだろう．この若者の一見奇妙な行動は，耐え難い自己否定感に押しつぶされないようにするための1つの戦略なの

第4章　ひきこもる若者たちの自己防衛戦略

である．

そして，こうした行動の根底には，「現実」からはみ出してしまったという疎外感が横たわっていると考えられる．その感覚は，人と交わって生きていきたい（あるいは生きていかなければならない）という思いがあればこそ生じるものである．「外」で生きている人々を見れば，そこでは生きていくことができず，薄暗く狭い部屋の中に閉じこもっている今の自分を，嫌というほど思い知ることになる．

また，ひきこもる若者たちの多くは強い羞恥心を抱いているというが（塩倉 2002），これもまた自分自身ひきこもっていることを受け入れられないために生じる感情だろう．彼らの語りからは，そんな否定的な自己を恥じ，他者の目から隠しておきたいという苦痛に満ちた思いが読み取れる．

この観点からすれば，「ひきこもり」とはある種の合理性を備えた行為といえる．しかし，ここで確認しておきたいのは，この合理性はあくまで短期的なものであって，長期的に見れば非合理的な事態に結びつくということだ．葛藤を助長するような状況を1つ1つ回避することで精神的安定が得られたとしても，それは「ひきこもり」から抜け出すことにはまったくつながらない．そうこうしているうちに，ますます「社会に出て行かなければならない」という焦燥感は募り，悪循環の深みにはまっていくばかりである．

では，悪循環から抜け出すためには何をすればよいのか．端的にいって，他者との関係を取り戻すしかない[*9]．ひきこもっている人々は，激しい自己否定感ゆえに社会に出ることを恐れ，他者との接触を恐れている．確かに，他者と関わることによって余計に傷口が広がる可能性もあるだろう．しかし，他者と関わらずに傷が癒されることは決してない．むしろ，自己を傷つけるだけの「力」があるからこそ，他者は自己を承認するに足る存在となりうるのだ（奥村 1991）．

自己の存立にとって他者は不可欠である，ということが社会学ではいわれてきた．では，不可欠とはいったいどういうことなのか，そもそも他者とはいっ

[*9] もう1つ考えられるのは「社会に出なければならない」という規範意識を放棄すること．しかし，ミード，G.H.（1934）によれば，自己だけでなく一般化された他者もまた，具体的な他者とのコミュニケーションを通じて取得され，変容していくものである．

たいいかなる存在なのか．他者との関わりが断たれた状態である「ひきこもり」について考えることは，こうした問いに逆方向から答える機会を提供してくれるだろう．

文　献

Goffman, Erving, 1963, *Stigma: Notes on the Management of Spoiled Identity*, Prentice-Hall, Inc. （＝1970，石黒毅訳『スティグマの社会学―烙印を押されたアイデンティティ』せりか書房）．
――――, 1971, *Relations in Public: Microstudies of the Public Order*, Basic Books.
石川良子，2003,「パッシングとしての〈ひきこもり〉」『ソシオロジ』48 (2): 39-56.
――――, 2004a,「〈ひきこもり〉における『居場所』の二義性」『アディクションと家族』20 (4): 377-87.
――――, 2004b,「『ひきこもり』の当事者の語りに見る危機と転機―『病いの語り』に関する議論を手がかりに」『社会学論考』25: 1-27.
川北稔，2003,「『引きこもり』の援助論と親の位置―介入の根拠と責任をめぐって」『名古屋大学社会学論集』24: 179-96.
北山修・斎藤環・渡辺健・武藤清栄，2001,「座談会・ひきこもりについて」『現代のエスプリ』403: 5-34.
工藤定次他，2004,『脱！ひきこもり―YSCの本』ポット出版．
厚生労働省，2003,『10代・20代を中心とした「ひきこもり」をめぐる地域精神保健活動のガイドライン』(http://www.mhlw.go.jp/topics/2003/0728-1.html)．
Mead, George. Herbert, 1934, *Mind, Self and Society*, The Univ. of Chicago Press.（＝1995，河村望訳『精神・自我・社会』人間の科学社）．
奥村隆，1998,『他者といる技法―コミュニケーションの社会学』日本評論社．
斉藤環，1998,『社会的ひきこもり―終わらない思春期』PHP．
――――, 2002,「「ひきこもり」救出マニュアル』PHP．
塩倉裕，2000,『引きこもり』ビレッジセンター出版局．
――――, 2002,「『引きこもり』を見る視点」『高校生活指導』152: 6-13.
田中千穂子，1996,『ひきこもり―「対話する関係」をとり戻すために』サイエンス社．

「ひきこもり」的日常の1コマ

column II

石川良子

　これから紹介するのは，ある「ひきこもり」当事者によって描かれたマンガです（諸星ノア著『ひきこもりセキラララ』草思社，2003年）．著者は「社会に出ることへの強い抵抗感と恐怖心から，大学卒業後ひきこもり生活に入」った30代半ばの男性．29歳のときに一念発起して専門学校に入学し，卒業してから就職もしたけれど，職場の人間関係や仕事についていけず体調を崩して退社．今は自助グループに参加しているものの，「その後ふたたび現在にいたるまでひきこもり中」だそうです．

　第4章本文でも述べたとおり，「ひきこもり」とは必ずしも「自分の部屋に閉じこもっている状態」ばかりではありません．人によっては近所のコンビニエンスストアや本屋に出かけたり，自助グループに参加するため電車に乗って出かけたりもします．そうすれば，偶然知り合いに会うことだって十分にありえるでしょう．当事者の人たちが口をそろえて「いやだ」「つらい」と言うのは，そうしたシチュエーションです．そして，そこでのお決まりの質問がこれ——「今，何をやっているの？」

　おそらく質問した人にとっては，たとえば「今日はいい天気ですね」というのと同じくらいの重さしかない言葉でしょう．「一般的によく使われる挨拶言葉なので，聞くほうに悪気はない」と，この男性も言っています．確かにその通りだと思います．このエッセイでは，ほかにも床屋での世間話を切り抜ける苦労についてのエピソードが描かれていますが，尋ねる側にしてみれば「今，何をやっているの？」という質問から始まる会話は世間話以上のものではないのです．

　しかし，悪気があるかないかということと，それを尋ねられた側が辛い思いをするかどうかということは，基本的に別の話です．たとえ悪意がまったくな

column Ⅱ 「ひきこもり」的日常の1コマ

かったとしても，自分自身「何もやっていない」（これは「働いていない」とほとんど同義です）ことを厳しく責めてしまっている人にとって，この「今，何をやっているの？」という問いかけは，この上なく残酷な響きを持つものといえるでしょう．

しかもこの男性は，「何もやっていない」ことが明らかになった「途端に相手の態度が蔑むものに変わった」という経験をしたことがあるそうです．そのため「馬鹿にされるか，中傷されるか，冷笑されるか，ひかれるか……．いずれにせよ，受け入れてもらえないであろう」という思いが先立ってしまう．そもそも「ひきこもりの心情など，語ったところで理解される保証はない」．それならば最初から「今，何をやっているの？」と質問されること自体を避けてしまえばいい．

ところが，これで当事者の人たちの苦しみが全てクリアされるわけではありません．確かに「何もやっていない」と答えることによってもたらされるであろう精神的苦痛から逃れることはできるでしょう．ですが，それによってまた別の苦しさが生まれてしまうのです．自分の抱えている問題から目を背けてしまう苦しさ，そして人とのつながりを失っていってしまう苦しさです．著者自身の言葉に耳を傾けてみましょう．

> 旧友などに外でバッタリ会って，無職の自分が惨めで気後れしたり，無職隠しの適当な嘘も億劫で言いたくなかったりして，結局挨拶しないで知らんぷりしてしまうこともよくある．やったあとにホッとする反面，逃げた自分に自己嫌悪もする．自信も失う．こうしてひきこもり者は友人たちを1人ずつ失って，過去を，想い出を失っていく．

こんなふうに落ち込んでいくのは，単にこの人が精神的に脆いからだ，と感じた人もいるかもしれません．あるいは，この人が自分で自分の首を絞めるような方向を選んでいるだけのように見えた人もいるかもしれません．しかし，自分が同じような状況に置かれたら……と想像してみてください．いずれにせよ，そうやってひきこもっている人たちの性格や気質の問題として片付けてしまうことは，「何もやっていない」ことがある人の評価（ここには自己評価も当然含まれます）を大きく左右するような社会のあり方を振り返る，そういう回路を閉ざすことになるのではないでしょうか．

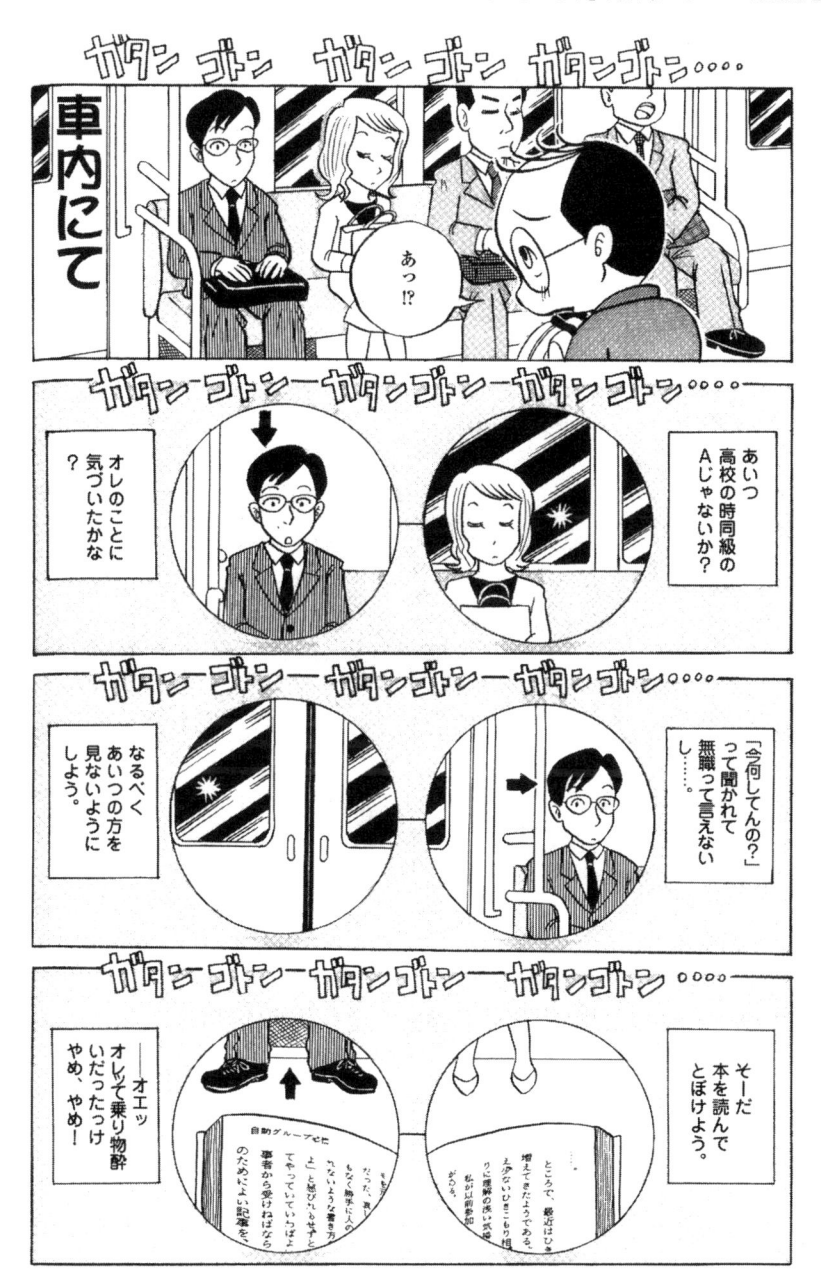

「ひきこもり」的日常の1コマ　column Ⅱ

column Ⅱ 「ひきこもり」的日常の1コマ

「ひきこもり」的日常の1コマ column Ⅱ

アッ!!
ササッ
またまた近所の人
うわっ こっこんにちは
やあ こんにちは
ひょいっ
でもどうしても近所の人に会ってしまう。田舎ってば狭い……。
中には、明るく声をかけてくれる人もいる
ちなみに毎日のメニューは次のとおり。
①散歩 15分強くらい
②体操
③各種筋トレ
以上を約30分くらいでこなす。
これらを毎日ってのは結構キツイ。精神的に落ち込んでる日もやんなきゃならないから。
↑良い
心の状態
↓悪い
本日の気分
ヨロ…
やりたくねェ〜〜
わしわし
でもたまったストレスを、三度の食事をガッツリとることで発散してしまう私。
また少し太ったか………
う〜む
結果毎日歩いているわりに成果があらわれないのであった。

第 3 部

親密な他者としての恋人・家族

青年の恋愛アノミー

第5章

羽渕一代

1. はじめに

　目の前にいる人と結婚するというきわめて単純. 選択肢があってそのなかから選んだわけではない. 全然ドラマティックでない. 今の時代に生まれていればもっとドラマティックにした.

　1950年代に地方国立大学教育学部に在籍していた現在68歳の女性の語りである. インタビューアは50歳近く年下の後輩であり, 質問内容は「あなたの恋愛観について教えてください」というものであった (高橋 2003：401). 昔に比べ, 現代のあなたたちの恋愛は多様な選択が可能であり, 主体的に素敵な恋愛ができる可能性があって, ドラマティックな結婚ができる良い時代ね, という意味だろう. 現代の恋愛には, いくつもの選択肢が存在し, 望めば主体的でドラマティックな恋愛結婚物語を選択することが可能であると彼女は想定している.

　恋愛に限らず, 現代社会とは, この選択可能性の増大を特徴とするものである. 程度の問題はあるが, 進学, 就職, 結婚といった個人の人生決定は, その人生を歩む当人が行なうことが当然であるという認識が定着している. 「イエのための結婚」や「長子だから家業を継ぎ, 労働力としての婿や嫁をとらなければならない」といった規範は, 前時代の遺物とされており, 現代でそのような目にあう青年がいたとすれば同情のまなざしを向けられること必定である.

　また, 結婚意識についても, 近年, 劇的に変容したといわれている. NHK放送文化研究所の調査によると, 「必ずしも結婚する必要はない」と考えている人, 特に女性でそのように考える人がこの5年間で増えている (NHK放送文化研究所 2000). 2000年の国勢調査によれば, 25歳から35歳までの男女

の未婚率は約30年前から上昇し始め，男性で20％，女性で30％程度上昇している（国勢調査2000）．結婚をどのようなカタチで行なうか，誰といつ結婚するかだけでなく，結婚そのものすら選択肢の1つとなったことで，個人の選択するライフスタイルはより多様であり得る，と感じられるようになったといえる．

しかし，現代の恋愛や結婚の状況は，手放しでうらやましがられるような，そんなすばらしいものなのだろうか．精神科医の香山リカ（2004：14）は，その著書『恋愛不安』で次のように述べる．

> クリニックでいろいろな人を診察したり，大学で学生たちの相談に乗ったりしている中で，恋愛問題が深刻な悩みから病に発展する人，また恋愛のトラブルをきっかけに心身の調子を崩す人があまりに多いような気がするのです．しかも，そういう人たちはなかなか立ち直ることができず，問題がこじれがちです．

自由に選択し，ドラマティックで素敵な恋愛をしているはずの現代青年が，どのような深刻な恋愛問題を抱えているというのだろうか．本章では，現代青年の恋愛行動の実態を明らかにしつつ，この問題のメカニズムを説明する．

2．恋愛＋結婚

2-1．恋愛と結婚の区別

冒頭の高齢女性の発言に戻りたい．よく考えてみると，この発言と質問との対応には，違和感がある．この違和感は，結婚と恋愛の区別に起因している．ここで質問した学生は，恋愛について尋ねているが，この高齢女性は，結婚について回答しているのである．このような恋愛と結婚の一致には，それほど長い歴史はない．恋愛という言葉が明治期に輸入され，大正期における恋愛と結婚のはざまに揺れる情死という恋愛事件の頻発，大正知識人による空前の恋愛論ブームを経て，恋愛が一部のパワフルな個人にのみ許される行為ではなくなり，誰にでも可能なものとして認識されることで，恋愛は結婚と結びついていったのである（菅野2001）．明治・大正期，恋愛とは，現在のように結婚に近い現象として語られるというよりも，結婚に反する現象，結婚を崩壊させるものと認識されてきた．したがって恋愛と結婚の一体化は，戦中・戦後を通して

成立した現代的なイデオロギーなのである（井上 1973）．それ以前の結婚は，経済的な生活経営目的の"家族"を形成する戦略として行なわれるものであり，一方の恋愛は，そのような家族制度を揺るがす形態，もしくは家族外における親密性の形態として認識されていたため，結婚と恋愛の結びつきは一般的でなかったのである[*1]．

つまり日本では，戦後の近代化とともに，「家族戦略としての結婚」から「個人の親密性選択の1つとしての結婚」へと移行してきた．

2-2．恋愛結婚に対する現代的意識

「結婚へのプロセスとして恋愛がある」という現代的観念は，素朴な実感からも納得できるものであるが，90年代を通してその傾向はより強化されている．1992年，青少年研究会が行なった都市青年の調査では，既婚者の約7割が「恋愛経験あり」と回答したのに対して，2002年の調査では，約9割にまで増加している（羽渕 2004b）．恋愛相手と結婚するかどうかはともかく，結婚する前に恋愛を経験することは完全に定着したのである．

では，恋人と交際中の青年は，つきあっている相手との結婚を考えるのだろうか．「今つきあっている相手と将来結婚する気はない」という項目に肯定した恋愛中の青年は，1割に満たない．「結婚する気がない」という項目の補集合は「結婚する気がある」というわけではない．しかし国立社会保障・人口問題研究所（1999）の調査によれば，結婚の意欲は異性交際によって左右される．交際相手がいる場合は「結婚に近い意識」をもち，いない場合には「遠い意識」をもつことがわかっている．以上の結果から恋愛と結婚とのつながりは，青年の意識のなかに浸透しているといえるだろう．

2-3．恋愛問題は家族問題へ通じる．そして，社会問題へ．

もし主体的に選択された恋愛，そして結婚という図式がそのまま機能しているのであれば，恋愛至上主義にまつわる問題（牟田 1998）はあるにしても，さしあたって恋愛そのものは問題とならない．しかし，ギデンズ（Giddens 1992）や山田（1994：133-134）によれば，恋愛結婚は夫婦間の愛情イデオロギーを

[*1] 例えば，山田（1994）は，民俗学や歴史学の成果を踏まえて，「上流階級＝結婚と恋愛の分離，庶民階層＝結婚にこだわらない恋愛」と図式化している．

基礎としているため，夫婦関係は不安定になりやすい．つまり，「好きか嫌いか」という気持ちの問題で夫婦関係を続けたり止めたりすることが可能になるため，気持ちが変われば比較的簡単に家族を止めてしまえるようになるのだ．この状況では，家族の安定化を望むことができない．安定しない家族をめぐり様々な議論が行なわれているが，なかでも家族の教育機能について問題とされることが多かった．このように現代では，恋愛の問題は家族問題の様相を伴ってたちあらわれるのである．

　近代国家である日本の民法制度が結婚を国家成立のための最も基礎的な単位として保護し，インセンティブを用意している（加藤 2004）以上，恋愛問題は，家族問題にとどまらず，天下国家の問題となる．特に，その一夫一妻制の形式は，国家プロジェクトの一部に位置づく家族政策として，つまり近代国家成立のための最小単位としての機能を果たすように整備された（西川 2000；加藤 2004）ことからも，恋愛は結婚の問題でなくてはならないという意識が成立することもおかしくない．実際に，次世代支援対策と銘打った行政の恋愛＝結婚支援対策事業は，90年代後半からあちらこちらの自治体で行なわれた．

　しかし，自治体の思惑通りに恋愛＝結婚支援がうまくいったかといえば，否であった．村役場などが中心となってお見合いパーティのようなものを企画するのだが，ある村役場職員は，私に「こういう企画をしても，まじめな男はうまくいかない．遊び人ばっかりもっていってしまうんだ」とこぼしたことがある[2]．ここからわかることは，恋愛相手としてもてるか，もてないか，という問題は，個人のみならず，役場職員がやきもきするような現代社会の重大な関心事として成立したということである．

3．現代青年の恋人交際

　この10年間，青年の恋人交際率は，ほとんど変わらない（羽渕 2004b）．どのようなデータをみても30％から40％である．青少年研究会のデータにおいても，同様に，2002年の未婚者の恋人交際率は，35.9％であった．一方，恋人交際経験率は，70.5％である．10年前と比較して，「過去にいた」と回答す

---

[2] もちろん，こういった企画は，青年と名指せるかどうか微妙な年齢の農村男性のために行なわれることが多い．また著者の知り得る範囲では，成功したという話は聞いたことがない．

る人が1割増えており,「恋人がいる」と回答している人が5％程度減少している．これを年齢層別に分析してみると，より傾向がはっきりする．10代後半の年齢が若く経験の浅い青年の間では，92年も02年においても，恋人交際経験率は約半数であり変化はみられない．また，恋人交際率は，92年において21％，02年では17.7％と5人に1人である．しかし，20代ではおおよそ半数が恋人と交際しており，92年の恋人交際経験率が20代では70％台だが，02年になると80％台へと増加する．

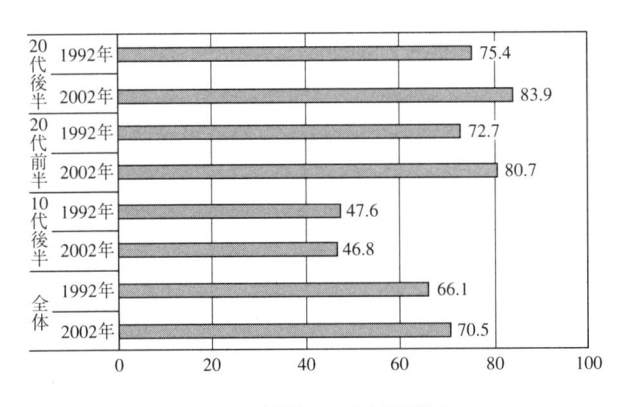

区分	年	割合(%)
20代後半	1992年	75.4
20代後半	2002年	83.9
20代前半	1992年	72.7
20代前半	2002年	80.7
10代後半	1992年	47.6
10代後半	2002年	46.8
全体	1992年	66.1
全体	2002年	70.5

図5・1　未婚者の恋人交際経験率

3-1．誠実な交際？

では，交際の内容は，どのようなものなのだろうか．表6・1にみるように，「今，つきあっている相手と結婚する気はない」という項目に対して肯定する割合が最も低く，「お互いのすべてをさらけだしたつきあいである」という項目に対して肯定する割合が最も高かった．

この結果のみで判断すると，都市青年は，誠実な交際を行なっているともいえる．恋人と交際している都市青年は，交際相手との結婚をまったく考えないというわけではなく，お互いに隠しごとをせず，誠実につきあおうと努力していると解釈できるだろう．しかし，「相手以外には考えられないような熱愛ぶりだと思う」という項目に肯定する人は，4人に1人しかいない．現代都市青年は，冒頭の高齢女性のイメージするようなドラマティックな恋愛をしていないのだろうか．交際には，いったいどのような意味があるのだろうか．

第5章　青年の恋愛アノミー

表5-1　交際の状況　　　　　　（％）

お互いのすべてをさらけ出したつきあいである	60.7
自分には，相手よりももっと良い人がいると思う	11.4
けっこう長いつきあいだと思う	46.9
今つきあっている相手とは別れても友達でいられると思う	31.4
今つきあっている相手と将来結婚する気はない	9.4
一緒にいるとき，相手をうっとうしく感じることがある	15.8
相手以外には考えられないような熱愛ぶりだと思う	26.7
恋人に内緒で他の異性と出かけることがある	22.9

N＝341

3-2.「出会いがない」という嘆き

「今つきあっている相手と将来結婚する気はない」という項目に積極的に肯定する都市青年は少ないが，では結婚するつもりがあるのかといえば，否である．2003年に行なわれた『青年の将来設計における「子育てリスク」意識の研究』のデータを分析したところ，次のような興味深い結果が得られた．この調査研究は，地方都市である青森県弘前市と大都市である東京都練馬区を比較研究したものであるが，恋人と交際中の東京在住の都市青年の方が，結婚しない理由として「適当な相手とめぐりあわない」と考えている．弘前市では，恋人と交際している青年のうち，「適当な相手とめぐりあわない」という項目を結婚しない理由に挙げたのは，16.7％であったが，練馬区では30.2％であった．

20代後半の適齢期と名指される青年の「出会いがない」という嘆きは，珍しくない．しかし，恋人と交際しながら，「適当な相手とめぐりあわない」という理由で結婚しない人が30.2％もいるということは，次のように解釈できるのではないだろうか．都市青年の恋人との交際は，いわゆる「本当に好きな人」との交際ではないと感じている関係性も少なくないということである．この結果は，草柳（1999；2004）が，コミック，小説を手がかりに描き出した現代恋愛の特徴である「緩やかな恋愛」モデル[*3]が現実を反映しているという証左ともなる．

ここで，人口の少ない地方都市である弘前市よりも，練馬区在住の都市の青

年が，「適当な相手とめぐりあわない」と考えていることは，興味深い．人口密度の高い都市のほうが，出会いの機会が多くなるはずだからである．しかし，この格差は，おそらく山田の指摘した「もっといい人がいるかもしれないシンドローム」仮説で説明可能だろう（山田 1996）．山田は，男女交際が増加すればするほど結婚難となる理由を次のように説明する．現代青年にとって，結婚は失敗が許されないリスクの高いものである．一方，近年の性規範の変化により，結婚せずとも性交渉を楽しむことが可能となり，結婚へのインセンティブが減少する．さらに，女性の社会進出などによって，魅力のある相手に日常的にめぐり合う可能性が高まるが，魅力は不均衡に配分されているため，もてる人はさらにもてるが，もてない人はよりもてなくなるという階層分化が起こり，妥協できないもてない人々が結婚を遅らせるというものである．この「もてる人ともてない人の階層分化」伝説は，後で検討するが，さしあたって日常生活のなかでいつも同じ人たちと顔をつきあわせて生活しなければならない弘前という小都市と比較して，より多くの人間と日常的に出会う可能性のある練馬の青年の方が，「適当な相手とめぐりあわない」と考えることに理はあるだろう．

3-3. 1対1対応しない恋愛

現代社会は，恋人交際が活発化した社会であり，青年の恋愛経験が豊富になる傾向がある．加えて，いわゆる「ふたまた」と呼ばれる同時に複数の恋人と交際する青年もいる．バラエティ番組や恋愛ドラマなどで珍しくなくなった恋愛のカタチである．この同時に複数の恋人と交際することを複数恋愛と呼ぶ．

恋人との交際経験をもつ都市青年のうち，約3割が複数恋愛の経験をもつ．自身が複数の恋人と交際する場合と交際相手が自身とは別の相手とも交際している場合がある．この2パターンはそれぞれ約2割であり，どちらの経験ももつ青年は約1割であった（羽渕 2004b）．

ここで，どのような青年が複数恋愛を行なうのか疑問がわく．しかし，複数恋愛をする青年としない青年に目立った特徴はほとんどない[*4]．恋愛行動に関

[*3] 全人格的コミットメントを旨とする「強い恋愛」から現代の恋愛は，適度に距離を置き，自分に踏み込ませないように分化し，個人を奪還するような「穏やかな恋愛」へと変化していると草柳（1999）は述べる．

[*4] ただし，両親との関係に満足しているか否かという項目と関連がみられた．両親との関係に不満をもつ青年は，複数恋愛の経験率が高い（羽渕 2004b）．

して，複数恋愛者の方が「恋人に内緒で他の異性と出かけることがある」と回答する率が高いという当然の結論しかみられない．したがって，誰にでも複数恋愛の可能性は開けており，逸脱行動といった文脈において複数恋愛を解釈することは不可能である．

複数恋愛は，同期的に複数の相手と恋愛することの道徳性を問われるのだが，時期が重なっていなければ，現代では道徳性を問われることはない．しかし約30年前まで，恋人としての交際を申し込むことは，結婚を申し込むことと等しかった．つまり，時期が重なっていなくとも，複数の人との恋愛は不道徳であったのである．かつてこのような意味が恋人交際にあったことを考えると，恋愛に関する1対1対応規範の内実も短い期間に劇的に変容している．

複数恋愛の現状から示唆されるポイントは，現代の青年が1対1で向き合った激しく強い恋愛を交際相手と行なっているわけではなく，ある程度，代替可能な相手との緩やかな恋愛に身をゆだねていると解釈できる点にある．

3-4. 交際と自己評定

強い情熱的な恋愛をしていなくても交際相手と別れない理由は，現在の交際相手よりも良い人がいるとは考えていないからである（表5・1）．また，交際相手がいない状態よりは，いる方がマシだという意識もあるだろう．図5・2にみるように，恋人と現在交際中の青年は，他の青年と比較して，「自分のことが好き」と回答している割合が高い．

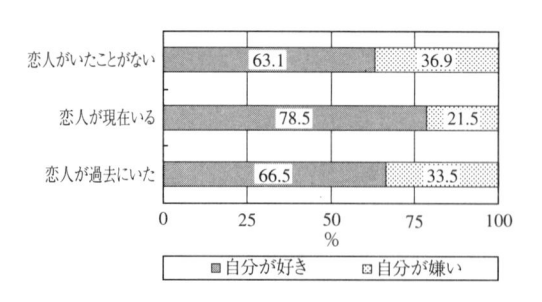

	自分が好き	自分が嫌い
恋人がいたことがない	63.1	36.9
恋人が現在いる	78.5	21.5
恋人が過去にいた	66.5	33.5

図5・2 恋人交際と自己評定

交際相手を好きかどうかと自己に問いつめるよりも，交際相手のいる自分を維持し，自分自身を好きでいられる方が，彼らにとって平穏な日常生活を送る重要な要件としてあるのではないだろうか．

4．語られる恋愛・分析される恋愛

これまで現代的恋愛の内側は，次のように分析されてきた．強い恋愛，代替不可能な恋愛や通過儀礼としての恋愛から，恋愛とそうではない関係との境界が曖昧な恋愛（山田 1992；1994）へ，さらに苦しみの排除された恋愛（谷本 1998）へ，つまり緩やかな恋愛（草柳 1999；2004）へと移行してきたことが恋愛の現代的変容における特徴であると指摘されてきた．

青少年研究会の 2002 年調査においても似たような傾向を示す結果が得られている．先にも述べたが，「相手以外には考えられないような熱愛ぶりだと思う」という項目に肯定した恋愛中の青年は，4 人に 1 人であった．恋人のいない人を含めた青年全体の 10 人に 1 人が情熱的な恋愛をしていることになる．しかし，4 人中 3 人は，恋人と交際していながら，熱愛的な気持ちをもっていない．また「一緒にいるとき，相手をうっとうしく感じることがある」と回答した恋人との交際中の青年は，15％程度もいる（羽渕 2004b）．

都市青年の多くは情熱的な恋愛をしているわけではないが，彼らは恋愛を軽視しているわけではない．先述の『青年の将来設計における「子育てリスク」意識の研究』では，「本当に好きな人と結婚することが幸せには不可欠である」と回答する人が 7 割以上いる（羽渕 2004a）．

つまり，情熱的な恋愛をしている青年が少ないにもかかわらず，青年たち自身は，必ず「本当に好きな人」と恋愛をしたうえで結婚しなければ幸せにはなれないと信じているという様相が浮かび上がってくる．これらのことからだけでも，「ドラマティックな恋愛，そして結婚＝幸せ」という理想と「熱愛できない人との恋愛」という現実のギャップから，恋愛アノミーに青年が陥っていることがわかる．このアノミー状態は，どのようなメカニズムによるものなのか，次節で考察しよう．

5．出会いの文化の変容

1967 年まで，日本人が結婚する場合，「見合い結婚」が「恋愛結婚」よりも多かった（湯沢 1995）．その理由が経済的，階層的理由によるものであったため，結婚は個々人のためにあるのではなく，イエと呼ばれる一次集団の家族戦略のために利用された場合もあった．したがって，釣り合う相手との「出会い」

は，「見合い」という形式の親族や近隣の人々による紹介によって成り立っていた．現在でも「お見合い」文化は存在しており，仲介者が知人であれば，その仲介者に対する信頼を元手に安心して「出会う」ことができるのではないだろうか[*5]．高校2年生Kさんと3年生Sさんふたりの女子学生に対するインタビューの一部を紹介しよう．

 H：へー，番号教えてメール送って，「つきあって」っていうまでどれくらいかかった？

 K：……4日．

 H：4日……．

 K：ウチほんとに馬鹿だったんですよ．何にもわかんなかったから，もういいやって．

 H：早く彼氏が欲しいっていう（笑）？

 K：でもその前にも友達に紹介されてるんですよね．ウチ直感で決めるから，紹介された人はあんまりいまいちで，その人はビビビッてきて．もう今告らなきゃ！って（笑）．

 H：じゃあ，彼氏が周りで見つからないときって，一般的にSさんの周りの人って何をする？

 S：えー……普通に……．

 H：合コン？

 S：飲みとか，友達の紹介とか．友達の紹介とかでメル友になってっていうのが多い．

 H：やっぱ初めはメル友になってって感じ？

 S：うん．

現在，青年文化のなかに，「紹介」と呼ばれる出会い文化がある．決まった相手のいない青年が交際相手を探す場合，同性による異性の紹介が多く行なわれる．現在のようにメディア技術が発達したことで，青年文化におけるこの

[*5] もちろん，紹介の旧来的な「お見合い」に対してビジネスが介入した結婚紹介業というシステムもある．この結婚紹介業は，ネット上の「出会い系」サイトのように社会問題化されることがほとんどない．それは，これらの業者が会員のプロフィールを徹底的に管理することで，会員同士の「出会い」に対する安心感を提供しているからである．その安心感に対して会員は高額の会費を支払う．

「紹介」と呼ばれる実際に対面して「出会い」を探す現象は，よりお手軽な「メル友紹介」にとって替わられた．

この紹介システムにビジネスが介入したものが，現在問題となっている「出会い系」と呼ばれるものである．著者が出会った多くの女子高生は，「出会い系」サイトの利用は行なわないと話すが，仲介者が既知の友人である場合には，彼女らの警戒感がすっかり解かれてしまう．

表5・2　恋人との交際とメディア利用状況　　　　　　（%）

	恋人と交際中	恋人と交際経験あり	恋人と交際経験なし
インターネットの利用		62.5	54.3
テレビゲームの使用		29.1	40.4
ケータイでの通話	92.7	82.8	67.7
インターネットやケータイなどで知り合った相手と直接会ったことがある		18.8	12.3
インターネットやケータイなどで知り合った相手と友達づきあいをしている		14.4	9.6

表5・3　恋人との交際状況とメディア利用状況　　　　　　（%）

	今つきあっている相手と将来結婚する気はない		自分には，相手よりももっと良い人がいると思う		恋人に内緒で他の異性と出かけることがある	
	肯定	否定	肯定	否定	肯定	否定
インターネットを利用	76.5	61.1	55.6	63.1	80.5	57.7
テレビゲームの使用	15.6	28.7	7.7	30.1	34.6	25.3
インターネットやケータイなどで知り合った相手と直接会ったことがある	28.1	12.7	20.5	9.3	19.2	12.6
インターネットやケータイなどで知り合った相手と友達づきあいをしている	25.0	9.1	20.5	9.3	19.2	8.0

メディアツールが紹介のシステムに介入してきた点に，現代の「出会い」の特徴があることは確かであるが，このメディア利用と恋愛にはどのような関係があるのだろうか．表5・2にみるように，インターネットやケータイを利用している層が，そうでない層と比較すると，恋人との交際を経験している率が高いことがわかる．一方で，恋人との交際経験なしのグループにおけるテレビゲーム使用率は，恋人との交際経験ありのグループと比較すると高い．おそらく

87

第5章　青年の恋愛アノミー

人間関係を取り結んでいくために直接的に使用されるメディア（ケータイなど）とメディアに付随する作品そのものを楽しむというコンサマトリーな利用に特徴づけられるメディア（テレビゲームなど）との差にこれらの結果は由来する．インターネットや携帯電話を利用して，人間関係を求めたり，友達を増やす努力をしたりする青年の方が，恋人との交際の可能性も増えるのだろう．恋人との交際経験者の方が，「インターネットや携帯電話で知り合った相手と直接会ったことがある」や「インターネットや携帯電話で知り合った相手と友達づきあいをしている」と回答する率が，若干高いことからこの仮説が支持されるだろう．これらの結果から，出会いのためのメディア技術は，90年代を通して劇的に変化し，その結果，青年の恋人との交際はより容易になっていったといえる．

このように恋人との交際へのアクセスは容易になったが，実際の恋愛の意識とメディア利用についてはどのような関係があるのだろうか．表5・1でみた項目リストのなかでも，よりネガティヴな項目とメディア利用状況との関連がみられた．まず，インターネットや携帯電話等で知り合った相手と直接会ったり，友達づきあいをしたりしている人は，交際している相手と結婚を考えていない傾向にある．また，交際相手よりも良い人がいると考える傾向も強い[*6]．

マートンは，文化的目標の型式と制度的規範の2つの変数からアノミーについて説明しているが（Merton 1949 = 1961：122-129），メディア技術の発達による社会の変化は，青年たちの恋愛アノミーを作り出したといえる．文化的目標と制度的規範は，それぞれ独立に変容するものであり，どちらかの極端な強調によって，アノミーが出現する．恋愛，恋愛結婚という幸せという文化的目標に向かって，現代の青年たちは駆り立てられている．しかし，その制度的規範は，メディア技術というインパーソナルな手段によって，変容を被っている．より小規模な集団内における恋人探しは，その制度的規範を尊守しつつ，個人，もしくは社会の統制範囲内におさめられる．しかし，都市化，情報化といった拡大した集団内における恋人探しでは，その拡大した範囲と比例する可能性を個人に提示し続けることになる．つまり，都市空間やインターネット空

[*6] しかし，複数恋愛との相関はみられなかった．

間は青年たちに，恋人候補はこの社会に多数存在し，努力すれば運命の人と出会えるかもしれないという幻想を提供する．

6．食傷気味な恋愛と未婚化

小谷野敦（1999）は，「恋愛教は現代最強の宗教である」と断言し，「恋愛への憧れ」から抜け出すのは容易ではないという．一方で，東京FMの行なった「2002〜2003青年ライフスタイル分析」によれば，青年の悩みごとに「恋人・恋愛」という項目は1位ではない．最も重要なことは，学生であるならば「勉強」であり，その次は「友達づきあい」と「部活・サークル活動」である．社会人であれば，「仕事」と「将来のこと」が項目として挙がる（生活情報センター 2004）．したがって，憧れは強いが，現実的な悩みとして意識されないものが，青年の恋愛といえる．また実際には，「本当に好きな人」との情熱的な恋愛をしている都市青年もそれほど多くない．

これらのことから，「恋愛不安」については，次のように説明可能であろう．おそらく，恋愛へと駆りたてる文化的目標を鼓舞する作用が現代社会では働いており，意識のうえでは，「いつかは恋愛をしなければならない」と青年たちは感じているのではないだろうか．例えば，現在提示され続ける「恋愛の自由競争」や「もてる人ともてない人の分化」という経済モデルを模した恋愛解説は，青年の恋愛の実情を分析したものとはいえない．どちらかといえば，あおりの言説として理解することができる．恋愛が自由競争となるためには，人格という価値の一元化が起こらなければならない．たとえば，太っている人を好きな人もいるし，やせている人を好きな人もいる，といった好みの多様性は仮定できなくなる．さらに，社会集団における個人の冷静な自己評定を棄却しなければならない．交際中の青年の4人中3人が，熱愛をしていないということは，自身の魅力のレベルを冷静に判断し，釣り合う程度の交際相手を選択しているとも考えられるのである．このような反省性を個人がもち得るかぎり，恋愛において自由競争は起こり得ない．

したがって，上記のあおりの解説群は，青年たちを恋愛へと強迫的に追い込むだけでなく，青年たちが，「本当に好きな人と結婚することが幸せには不可欠である」と信仰する理由の一端を担っているのではないだろうか．そして，

第5章　青年の恋愛アノミー

つきあっている相手が,『本当に』好きな人かどうか自信のもてない若いカップルは,結婚を延期するという選択を取り続ける結果となり,未婚化に拍車をかけている.

参考文献

羽渕一代,2004a,「青年の結婚状況と結婚観」山田昌弘監修『青年の将来設計における「子育てリスク」意識の研究』平成14-15年度厚生労働省研究費補助金政策推進研究事業総合研究報告書.
——,2004b,「都市青年の恋愛経験」高橋勇悦代表『都市的ライフスタイルの浸透と青年文化の変容に関する社会学的研究』平成13・14・15年度科学研究費補助金（基盤研究（A）（1））研究成果報告書.
井上俊,1973,『死にがいの喪失』筑摩書房.
国立社会保障・人口問題研究所,1999,『平成9年独身青年層の結婚観と子ども観―第11回出生動向基本調査―』厚生統計協会.
草柳千早,1999,「関係の変容と個人分化と恋愛をめぐって」三田社会学会編『三田社会学』第4号.
——,2004,『「曖昧な生きづらさ」と社会―クレイム申し立ての社会学』世界思想社.
牟田和恵,1998,「愛と性をめぐる文化」井上俊編『新版現代文化を学ぶ人のために』世界思想社.
菅野聡美,2001,『消費される恋愛論』青弓社.
加藤秀一,2004,『【恋愛結婚】は何をもたらしたか―性道徳と優生思想の百年間』ちくま新書.
香山リカ,2004,『恋愛不安』講談社.
小谷野敦,1997,『男であることの困難―恋愛・日本・ジェンダー』新曜社.
——,1999,『もてない男―恋愛論を越えて』ちくま新書.
Merton, Robert. King, 1949, *Social Theory and Social Structure*, Free Press.（＝1961,森東吾・森好夫・中島竜太郎訳『社会理論と社会構造』みすず書房）.
桜井哲夫,1998,『【自己責任】とは何か』講談社現代新書.
生活情報センター,2004,『青年ライフスタイル資料集2004年度版』生活情報センター.
高橋重恵,2003,「女子大学生における恋愛観の変遷について」『社会構造研究』8,弘前大学人文学部文化生態学研究室・社会学研究室.
谷本奈穂,1998,「現代的恋愛の諸相」『社会学評論』194,日本社会学会.
山田昌弘,1991,「現代大学生の恋愛意識―「恋愛」概念の主観的定義をめぐって―」『昭和大学教養部紀要』第22号.
——,1992,「ゆらぐ恋愛はどこへいくのか」アクロス編集室編『ポップコミュニケーション全書』PARCO出版.
——,1994,『近代家族のゆくえ―家族と愛情のパラドックス』新曜社.
——,1996,『結婚の社会学―未婚化・晩婚化は続くのか』丸善ライブラリー.

脱青年期と親子関係

第6章

苫米地　伸

1．はじめに

　3月から4月にかけて大学構内では，2つの大きな儀式，卒業式と入学式が執り行なわれる．それを眺めていて気づくのは，人の多さである．なんとなく人が多い．そしてなぜそう感じるのかと考えつつ，人の流れを眺めていてわかるのは「主役」以外の大人，つまり子どもに付き添う両親の多さなのである．

　最近では大学の卒業式や入学式を，構外の体育館やホールなどを借りて行なう大学も出てきているほど，両親の式典参加が増えているらしい．入社式にまで両親が付き添う姿が，ニュースなどで報じられている．筆者よりも年上の大学教員に言わせれば「信じられない」光景が，繰り広げられていることになる．

　この「信じられない」という表現が示すのは，この何十年かの間に親と子，特に大学入学あたりから卒業にかけての年齢を迎えた子どもとの関係が変化してきているという実感である．さらにこのことを具体的に言えば，「親が甘やかしている」あるいは「子が甘えている」という評価につながる．

　「親の甘やかし」か「子の甘え」か．「いや，その両方だ」というのが，昨今新聞や雑誌などでもよく見られる「パラサイト・シングル」の議論である（山田 1997）．「パラサイト」というのは寄生しているという意味だから，寄生している方が悪いように聞こえるのだが，寄生されている親の方にも宿主であるだけの責任はある．つまり，両者が揃って初めて「パラサイト・シングル」という現象は生まれるのだ．

　いずれにせよ，若者とその親との関係が変化しているのではないか，という議論に関心が集まりつつある．本章では，この若者とその親との親子関係について，データに基づいた議論を展開していく．

2. ライフコースと親子関係

　従来の家族社会学の研究において親子関係といえば，一方では幼児とその両親の関係性についての研究，他方では介護が必要となるような高齢者とその子供との関係性について論じられることが多かった（木下 1996）．つまり，親子関係とは保護と依存の関係として捉えられてきたのだ（正岡 1993）．子どもが生まれた直後には子どもを保護する役割を担っていた者が，高齢者になるにつれて今度は子どもに依存することになる．このように，家族内での関係性に着目するならば，この保護と依存を期待される役割が次第に逆転していくという仮定が成り立つ．だから，昨今の家族をめぐる問題が子育てと介護であることを考えてみても，親子関係が開始される時期と終焉を迎える時期に研究が集中することは，それ自体価値があるのだろう．

　しかしここで考えたいのは，そういった「役割逆転」が起きつつあるとされる時期の親子関係なのである．この時期は，学卒，初就職，結婚，そして離家というイベントが発生する時期とほぼ重なり，正岡の指摘に従うなら，親が子への保護と子からの依存から解放される時期であるといえる．そして子の方からすれば，子は親あるいは社会から「大人」と見なされる時期にあたる．したがって，この4つのイベントの順序パターンおよびその期間の伸縮は，親子関係を考えるにあたって重要な意味をもつ．

　この4つのイベントの起こり方は，個人の集合体である「世代」，いわゆるコーホートが経験する社会状況の影響を受けて変化する．例えば，戦後間もない時期に生まれたのか，それともすでに20歳を超えていたのか，によって，そのコーホートに属する人々の人生は異なった道のりを経ていたといえる（Elder 1974＝1986）．このように，一定のコーホートに属する人々が，ある社会状況のなかで，どのような人生を歩んでいくのか，ということを研究するアプローチが，ライフコース・アプローチと呼ばれるものである．

　ここでは若者の親子関係を考えるうえで，ライフコースとそのイベントに関わるトピックをいくつか提示しておく．

　まず離家から．「最初の離家」について世帯動態調査を分析した鈴木（1997）は，最近のコーホートの特徴として「男女とも離家が遅くなる傾向」があり，このことは「結婚前の離家が減っていること」の影響であるとしている．

次に，学卒から初就職を経て結婚に至るまでの期間の長短と，何歳の時点でそれらが経験されているのか，ということについて見てみよう．出生動向基本調査によると，平均初婚年齢は1980年代には，夫が28歳，妻が26歳にまで上昇しており，特に妻側の上昇が顕著である．さらに平均初婚年齢と平均出会い年齢は，最終学歴が高校卒業であるかそれとも大学卒業であるかによって，約2歳ほどの差が見られる．

事実，現在の日本では，高学歴化が進行している（橘木2004）．したがって，高校を卒業してから結婚に至るまでの期間は，相対的に長くなっている．高学歴化によって，その伸び率自体はそれほどではないが，決定的に結婚のタイミングが後ろにずれている．これがいわゆる「晩婚化」という現象だ．つまり「昔だったら結婚してもいい年齢なのに……」と言われてしまう若者が増えているのだ．

この「晩婚化」という現象と同様に，考慮すべきポイントは，このイベントを経験する若者たちのその親との関係である．2000年段階での平均寿命は，男性77.72歳，女性84.60歳となっている．いわゆる「人口学的転換」によって，親は「親である」期間が長くなってきた．このことが意味するのは，親と子がともに「大人」として親子関係を営む期間が長くなってきたということである．

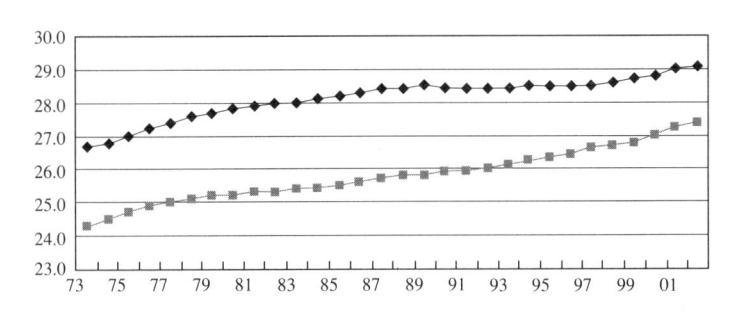

図6・1 平均初婚年齢推移（1973年以降）

3．脱青年期の諸議論

前節で述べた4つのイベントが起きる人生の一時期のことを，脱青年期という．では，大雑把にではあるが，この脱青年期をめぐる議論を見ておこう．

3-1. 脱青年期論とは

近代社会以前なら，子どもは「小さな大人」であったのだから（Aries 1960＝1980），そもそもこの時期は問題にならなかったはずだ．しかし，近代社会，あるいは学校教育制度の浸透したこの時代においては，子ども期から成人期に至る間に，青年期と呼ばれるような期間があるとされている．つまり近代において，教育を受ける必要性と同時に，労働から解放される期間が生まれたのである．

この青年期は，一般的には学校教育を受ける期間にほぼ一致するとされ，概ね12〜22歳くらいまでの期間を指すと言われてきた．ということは，この設定に従うならば，学校教育の終了，つまり学校を卒業することが，成人期の開始，すなわち「大人」になることとなる．

果たして学校を卒業するというイベントを経験するだけで，子どもは「大人」になるのだろうか．ジョーンズとウォーレスは，イギリスにおける成人期の定義について疑問を呈している（1992＝1996（2002））．彼女たちの議論によれば，成人期という概念は，様々な定義の「混合体」である（Jones and Wallace 1992＝1996（2002）：165）．例えば，日本においても，飲酒喫煙が許される年齢と，親の承諾なしに結婚を自由にできる年齢は異なる．つまり，成人と一口にいっても，その線引きは曖昧になっているといえる．

アメリカにおける「ヤング・ラディカルズ」（ヴェトナム戦争への反戦運動から生まれた社会変革を志向する若者たち）を研究したケニストンは，「脱青年期」という言葉を使って，近代において登場した青年期のなかに，また新たな段階が生まれつつあることを示唆した（1968＝1973）．「心理学的には成人であるが，社会学的には青年にある」ような時期が生まれたのである（Keniston 1968＝1973：257-258）．

この脱青年期は，脱工業社会における物質的な繁栄，すなわち「豊かさ」によって発生するとされる．もはや，このような社会においては「生きのびること，食べてゆくこと，飢えること」は問題にならず，「豊かさによる数々の便益を『所与』とみなす」ことが許される．この豊かさが，労働への参加を延期させ，「脱青年期」という独特なライフスタイルを可能にさせたというわけだ．

要するに，近代社会において，「大人」になるということは，多様化してい

る，ということになる．そしてその多様化とは，青年期から成人期への移行が，過去に比べて途切れることなく進むのではなくて，言ってみれば「猶予期間」として「脱青年期」が挟まっているということを指している．

3-2．日本における脱青年期論

このようなジョーンズとウォーレス，そしてケニストンの知見を，日本社会に応用した研究が，宮本らによる『未婚化社会の親子関係』（1997）である．ここで宮本らの主張を簡単にまとめておこう．

日本の脱青年期の若者たち（「シングル貴族」「独身貴族」と呼ばれる）は，「家族につつまれて『優雅な』未婚時代を謳歌し，ゆっくりとした自立を試みている」（宮本他 1997：71）とされる．その優雅さの根拠として，個室をもち，家事は親が行ない，同居への満足度が高いことが挙げられている．「ゆっくりとした自立」については，結婚予定時期を「30歳までに」とし，学卒し就業していても「自立していない」と答える傾向から説明されている．

このような回答をする若者たちを支えているのが，その親たちだ，と宮本らは述べる．彼らの調査結果によれば，同居への満足度は子よりも親の方が高い（宮本他 1997：54）．また会話の頻度も高く，親の方の親子関係に対する評価も，かなりの割合で「よい」と答えられている．親子関係のみに関していえば，高度経済成長期以降に登場したといわれる「ニューファミリー」「友達家族」の延長線上に，日本の脱青年期の親子関係はある．

高い満足度を親子ともに示すこの関係性は，親のゆとり，つまり経済力がその背景にある．親の方が一方的に経済的援助を行なう意志と，それを実行できる経済力がなければ，この関係性は維持できない．子どもの収入の使い方に関するデータによれば（宮本他 1997：109），親側は子どもの収入を子ども自身のものだと考える傾向がある．そして子ども自身も，自分たちの収入を「親に渡す」という割合が少ない．このことは，親子ともに，親から子への一方向的な支援のあり方を肯定するという意識があることを示している．

ここには世代的な問題も関係している．宮本らのデータにおける親の世代は，高度経済成長期に自身の青年期から成人期への移行を果たした世代である．高度経済成長期において，子どもの経済力が親の経済力を超えるという現象が発生する．そのことによって「子どもには，親が子どもだった頃より良い生活を

させ，将来，親より良い生活をするのが当然」（宮本他 1997：179）という意識が一般化した．

だがその後の低成長期以後は，そういった意識はあっても，現実的には子どもの経済力が親のそれを上回ることは難しくなってくる．すでにその頃には高学歴化が進んでしまい，低成長であるがゆえに就職なども学歴によって差異が生まれるような時代ではなくなってしまった．そのため，親の世代はさらに「子どものために」と援助することになる．その結果として「豊かな」「シングル貴族」が生まれたということになる．

諸外国と比べても希有な日本の脱青年期が生み出される条件は「離家圧力の弱さ」，「高学歴化と皆就職化」そして「『子どものため』イデオロギー」（宮本他 1997：227）であるという．これらの条件の元をたどれば，親の経済的ゆとりに行き着く．したがって，高い経済力を有する親がいるかいないかによって，子の階層の二極分化が激しくなり，一握りの若者のみが豊かな脱青年期を過ごすことができる社会が発生するのである．

日本の脱青年期の若者たちがその「豊かな」ライフスタイルを確保できているのは，彼ら自身も親たちの援助を拒まず受容し，親たち自身も進んで援助し続けるという共依存的な関係性の結果だといえる．

4．2002年における脱青年期の若者たちの姿

それでは青少年研究会が2002年に行なった調査のデータを用いて，宮本らの議論を参照しながら，現在の脱青年期の若者たちの姿を導き出していこう．

ではどのように分析するか．分析のステップとして，親との同居と，学卒，就職，そして結婚というイベントの経験の有無をベースにして議論を進める．それぞれの段階での親子関係の満足度などに注目しながら，脱青年期の若者たちを表すキーワードとしての「豊かさ」を確認する．この「豊かさ」の指標としては，生活の満足度を，必要に応じて具体的な行動項目を，交えて分析していくことにしよう．

4-1．学業を終えるということ

先述した通り，脱青年期の1つの指標となるのは，学生であるかどうかという点である．まず今回扱うデータにおいて，脱青年期の若者がどれくらいいる

4. 2002年における脱青年期の若者たちの姿

のかを確認し，あわせて，日本における脱青年期の特徴であるところの，親と同居しているかどうかを見てみよう．

表6・1にあるように，全体の6割弱が非学生，つまり脱青年期を迎えていることになる．またその親との同居率は，3割を超えている．この数値は全国的な調査結果とほぼ同様である．

表6・1　親との同居と学生であるかどうか　（％）

	親との同居		合計
	同居している	同居していない	
学卒者	32.6	23.7	56.3
学生	36.6	7.1	43.7
合計	69.2	30.8	100.0

ここで学生であるか否かと同居しているか否かとで，現在の生活への満足度に対する意識が異なるかどうかを見てみよう．もし若者が自分自身で「豊かさ」を享受していると思っているなら，現在の生活への満足度も高いに違いない．また，脱青年期の若者，すなわち学卒者の方が，生活への満足度が高くなるという仮説を立てることができる．

表6・2によれば，「満足している」回答者が，ほぼ6割に達している．しかし学生で親同居の満足度と，学卒者で別居の満足度は，学生であるか，同居しているかどうかは決定的な違いを見せてはいない．つまり，今回の調査対象者は概ねほどほどの

表6・2　生活への満足度
（学卒者／学生および親同居／別居）　（％）

	現在の生活に満足している	
	満足している	満足していない
学卒者／同居	53.8	46.2
学卒者／別居	59.7	40.3
学生／同居	59.9	40.1
学生／別居	50.0	50.0
合計	57.2	42.8

表6・3　父親／母親との関係（学卒者／学生および親同居／別居）　（％）

	父親との関係		母親との関係	
	満足している	不満である	満足している	不満である
学卒者／同居	80.7	19.3	89.3	10.7
学卒者／別居	85.2	14.8	91.7	8.3
学生／同居	81.0	19.0	87.0	13.0
学生／別居	81.3	18.8	81.8	18.2
合計	81.9	18.1	88.5	11.5

「豊かさ」を実感していることがわかる．

では次に，直接的な親子関係への満足度（表6・3）を見てみよう．宮本らの議論においても，両親との関係性が良好であることが，その同居への動機づけとして示されていた．今回の調査対象者においても，8割という高い割合で，父親，母親それぞれとの関係に満足していると答えている．ただし，同居しているかどうか，学生であるかどうかにかかわらず，ほぼ全体的に満足していると答えているところに注意してほしい．

ここでは，学生と学卒者の間に，生活の満足度や父親・母親との関係についての意識では，それほど差がないということがわかると思う．つまり，学業を終えるという経験は，脱青年期の若者たちを把握するための指標とはならないのであった．このことを踏まえて，以下では，実際に脱青年期とされる学卒者のデータについてのみ詳しく見ていくことにする．

4-2. 定職に就くということ

学業を終えるということよりも，本人が定職に就いたかどうかということの方が，生活の満足度などに，影響を与えているのかもしれない．この定職に就くということも，先述のライフコース・アプローチによる脱青年期の議論において重要なイベントであった．定職に就き，安定した収入や社会保障の対象者となることが，「豊かさ」を生み出す，あるいは「自立する（＝大人になる）」という意識に影響する，と考えるのは容易なことだろう．

日本における脱青年期の特徴は，親子関係の良好さと相関する親同居率の高さと相まって，安定した収入を得て，客観的に見れば「経済的自立」の状態にあるにもかかわらず，なお「自立」しているとは考えないような，何か曖昧な態度を取り続けるというところにある．そして，このことこそが「豊かな」ラ

表6・4　父親・母親との関係（定職/非正規雇用者と親との同居）　　（％）

	父親との関係		母親との関係	
	満足している	不満である	満足している	不満である
定職・同居	84.9	15.1	83.2	6.8
非正規・同居	75.9	24.1	85.1	14.9
定職・別居	86.9	13.1	94.5	5.5
非正規・別居	83.3	16.7	89.0	11.0

イフスタイルに直結する可処分所得を生み出している，という議論につながる．

まず定職についているか否かと親との同別居が，親子関係の満足度にどのように影響しているかを確認しておこう．

学卒者に限定してみても，全体的な割合としては，さほどの変化は現れない．ただ，非正規雇用者（いわゆるアルバイトや「フリーター」）は，母親との関係に不満であると回答する割合が少し高いという結果が出ている．

次に，親との金銭的なやりとりについて尋ねた（表6・5）．宮本らの議論にあったように，子どもは自分の収入は自分のものであるという意識が強いはずだ．だとすれば，定職に就いているかどうかにかかわらず，親に対して収入を渡すという割合は低く，逆に親から金銭を受け取ることについては抵抗がないはずである．

表6・5 親との金銭的なやりとり（定職／非正規雇用者と親との同居）　　（%）

	親に食費や家賃などを渡している		親から食費や家賃などをもらっている	
	渡している	渡していない	もらっていない	もらっている
定職・同居	70.0	30.0	97.5	2.5
非正規・同居	42.8	57.2	89.7	10.3
定職・別居	8.1	91.9	94.6	5.4
非正規・別居	3.7	96.3	89.9	10.1

表6・5によれば，同居しているなら，定職に就いていようがいまいが親に対して食費や家賃などを渡している，という傾向がうかがえる．

さらに学卒者と同様に，定職に就いているかどうかや同居しているかどうかが，生活の満足度について影響を与えているとは見えない．それぞれに，そこそこ満足しているという結果が出たのみである．つまりここでも宮本らが積極的に議論していた，同居していることのメリットは働いておらず，さらには定職に就いているかどうかもあまり関係がないのであった．

この生活の満足度というのは，

表6・6 生活への満足度
（定職／非正規雇用者と親との同居）　　（%）

	現在の生活に満足している	
	満足している	満足していない
定職・同居	53.4	46.6
非正規・同居	54.3	45.7
定職・別居	55.2	44.8
非正規・別居	64.5	35.5

第6章　脱青年期と親子関係

表6・7　ブランド品の購入
（定職／非正規雇用者と親との同居）　（％）

	ブランド品を購入する	
	する	しない
定職・同居	31.3	68.8
非正規・同居	28.7	71.3
定職・別居	25.0	75.0
非正規・別居	18.9	81.1

今回の調査対象者が主観的に判断した意識の問題である．そのため，「本人は意識していないけれども，本当は『豊か』なのかもしれない」という疑問が成り立つ．実際の行動の面では，可処分所得を元にして奢侈品を購入したり（ブランド品を購入するなど），金銭的に余裕がなければ行なえないような行動（留学など）をしているかもしれない．

　ここでは一例としてブランド品の購入についての結果を載せておく．定職で親と同居している者が，購入すると答えているように見えるが，統計的にはまったく有意差が出ない．実際の行動面での豊かさを示す項目を一通り調べてみたのだが，定職に就いているかどうか，そして同居しているかどうかがその回答に影響をしていないという結果が出た．

　ここでの議論をまとめて考えると，どうやら定職に就いていることにではなく，非正規雇用者に焦点を当てざるをえない．彼らは，母親との関係に相対的に不満をもっていること，親から金銭を受け取っていること，にもかかわらず生活の満足度は定職に就いている者と差がない．ということは，やはり親子関係の満足度と生活の満足度は，無関係であると言えそうなのである．もっと言えば，親から資金援助をしてもらっているがゆえに，関係に不満を感じているかもしれないという推測もできる．

4-3. 結婚しているか，していないか

　では，結婚というライフイベントはどうなのだろうか．宮本らの議論において，結婚しているかいないかということは，「豊かさ」と関係していると論じられている．つまり，結婚によって現在の「豊かさ」を上回る「豊かさ」が保障されにくくなっているから，晩婚化しているのだとされている．さらに，脱青年期の若者の晩婚化を可能にするのは，親の経済力と，親子関係の良好さにあるとされる．

　まず確認しておきたいのは，結婚と離家，つまり親との別居とが，どんな関

係をもっているかである．表6・8によれば，やはり，結婚してもなお同居する若者は1割前後しかいない．ここから都市部における若者たちが，結婚により核家族を形成するという傾向をもつことがわかる．

表6・8 結婚の経験と親との同居　　（％）

	親との同居	
	同居している	同居していない
未婚者	72.0	28.0
結婚経験者	9.7	90.3

　ここでもまた，同居をポイントとして分析を進めよう．宮本らの議論に従えば，未婚で同居していることによって，若者は「豊かさ」を享受できていることになる．なおかつ，ここには離家圧力が働かないほどの良好な親子関係があるはずだ．

表6・9 父親・母親との関係（結婚経験と親同居）　　（％）

	父親との関係		母親との関係	
	満足している	不満である	満足している	不満である
未婚者・同居	80.1	20.0	89.5	10.5
結婚経験者・同居	100.0	0.0	83.3	16.7
未婚者・別居	81.5	18.5	92.7	7.3
結婚経験者・別居	89.1	10.9	90.7	9.3

　ここでも確認しておこう．未婚であるか否かと親との同別居は，父親と母親双方との関係において何の関係もない．おしなべて良好である．
　さらにこれまでと同様に，生活の満足度についても調べてみたのが表6・10である．すると，明らかになるのは，結婚し別居している若者が，顕著に生活の満足度の高さを示すという結果であった．確かに未婚者という括り方をした場合に，親と同居している方が満足度の高さを示しているが，結婚を経験し別居している者たちと比べたなら低い値である．実際の消費行動の面でも，全体的に見るならば，結婚しているかどうかと同居しているかどうかで，その違いが見られるわけではなかった．

第6章　脱青年期と親子関係

表6・10　生活の満足度（結婚経験と親同居）　　（%）

	現在の生活に満足している	
	満足している	満足していない
未婚者・同居	53.7	46.3
結婚経験者・同居	50.0	50.0
未婚者・別居	49.6	50.4
結婚経験者・別居	70.3	29.7

　ここに至ってもなお，脱青年期の若者の「豊かさ」は見えてこなかった．素直に数値を読むならば，親子関係の良好さという点では結婚と同別居はほぼ無関係であり，少なくとも生活の満足度という点では，既婚者で別居している若者の満足度が高いのであった．これはどういうことなのだろうか．

4-4．同居しているということと親の経済力

　以上で脱青年期に関係したライフイベントである，学卒，就職，そして結婚のそれぞれについて，親子関係と同居を組み合わせた分析を試みてきた．だが，その結果は，宮本らによる日本の脱青年期の特徴を，うまく表現しないものであった．

　ここで宮本らの議論における重要な論点である親の経済力について考察をしてみよう．宮本らによれば，親の経済力こそが，彼らの子どもを同居させることができ，彼らに余裕をもたらし，その「豊か」なライフスタイルを可能にさせるのであった．ここまでの分析結果が豊かさを表現しなかったのは，もしかしたら今回の調査対象者の親たちに，その経済力がなかったのかもしれない．このことを確認してみよう．

表6・11　親の経済力と親との同居／別居　　　　（%）

	中学卒業時の持ち家		父親の学歴	
	持ち家	借家	大卒以外	大卒以上
同居している	74.1	25.9	48.7	51.3
同居していない	70.2	29.8	68.3	31.7

　この表によれば，分析対象とした若者たちは，中学生に至るまでほぼ7割が持ち家で生活しており，さらに父親の最終学歴を見てみると，同居している若

者たちの方が大卒の父親をもっていることがわかる．つまり，今回の調査対象者の親たちも，十分に自分たちの子に対して「豊かな」ライフスタイルを提供するだけの条件が揃っていたと思われる．

だとするならば，なぜ分析結果は，脱青年期の若者の「豊かさ」を表現しないのだろうか．

5. まとめ

本章の分析では，宮本らの議論とは異なる結果が出ている．親子関係に関する満足度については問題がない．つまり「仲良し家族」の傾向は，まったく崩れていないことは確認された．問題があるとすれば，親に十分な経済力があったとしても，それが子の「豊かさ」には直結していない，ということである．この分析結果について，1つの解釈案と今後の研究上の方向性を示して，本章を締め括ることにしよう．

その解釈案とは，要するに時代が変わったというものだ．先述したように，宮本らの分析したデータはほぼ10年前に行なわれた調査データが情報源となっている．芳賀の分析（芳賀2004）によれば，本章の分析において使用した「生活の満足度」という調査項目は，1992年からのこの10年間で変化を示していた．それも全体的な満足度が落ちているという変化であった．ということは，1つの解釈として，バブル期以降の社会情勢，特に長期間にわたる不況の影響が，脱青年期の若者にあったと解釈可能である．言い換えれば，10年前には同居することが脱青年期の若者に「豊かさ」をもたらすものであったのだが，長引く不況によって，同居することは自衛手段のようなものになったのではないか，ということである．

今回の分析からわかるのは，若者自身は，自分たちの生活にそれなりの満足を示しつつ，同居しているなら親へ金銭を渡すような，一見すれば古めかしい家族規範に従った若者像であった．そしてそういった古めかしい家族規範のなかで営まれる親子関係への意識は，それほど大きな変化を示しているとは思われない．バブル期に一時的にでも変化したのかもしれないが，現在では元に戻ったと解釈するのが妥当だろう．

この解釈案では「なぜ脱青年期の若者は親と同居するのか」という問いには，

答えていない．したがって，脱青年期の親子関係を考えるにあたって，親の経済力だけではなく，子の側の，脱青年期を迎えている若者の側の要因も考えていかなければならない．

参考文献

Aries, Philippe, 1960, *L'enfant et la vie familiale sous l'ancien regime*, Edition du seuli．（＝1980，杉山光信・杉山恵美子訳『〈子ども〉の誕生』みすず書房）．
Elder, Glen. H. Jr. 1974, *Children of the Great Depression: Social Change in Life Experience*, University of Chicago Press．（＝1986，本田時雄他訳『大恐慌の子どもたち』明石書店）．
藤見純子・嶋崎なお子，2001，「ライフコース論アプローチ」野々山久也・清水浩昭編『家族社会学の分析視角』ミネルヴァ書房pp.324-343．
芳賀学，2004，「生活満足度の現況：10年間で何が変わったか」青少年研究会『都市的ライフスタイルの浸透と青年文化の変容に関する社会学的分析』, pp.345-361．
Jones, Gill and Wallace, Claire ,1992, *Youth, Family and Citizenship*, Open University Press．（＝1996（2002），宮本みち子訳『若者はなぜ大人になれないのか』新評論）．
Keniston, Kenneth, 1968, *Young Radicals*, Harcourt, Brace & World, Inc．（＝1973，庄司興吉・庄司洋子訳『ヤング・ラディカルズ』みすず書房）．
木下栄二，1996，「親子関係研究の展開と課題」野々山久也・袖井孝子・篠崎正美編『いま家族に何が起こっているのか』ミネルヴァ書房pp.136-158．
国立社会保障・人口問題研究所『出生動向基本調査』．
国立社会保障・人口問題研究所『世帯動態調査』．
厚生労働省『生命表』．
正岡寛司，1993，「ライフコースにおける親子関係の発達的変化」森岡清美監修『家族社会学の展開』，培風館, pp.65-79．
宮本みち子，2000，「少子・未婚社会の親子」藤崎宏子編『親と子交差するライフコース』ミネルヴァ書房, pp.183-210．
宮本みち子・岩上真珠・山田昌弘，1997，『未婚化社会の親子関係』有斐閣選書．
鈴木透，1997，「世帯形成の生命表分析」国立社会保障・人口問題研究所『人口問題研究』53-2：18-30．
橘木俊詔，2004，『家計からみる日本経済』岩波新書．
山田昌弘，1997，『パラサイトシングルの時代』ちくま新書．

変わらないメディア時間・新たなメディア時間

column III

羽渕一代

　ここで紹介するのは，ケータイ利用日記である．この日記は，24時間，どこで，何をしていたか，そして，ケータイメールと通話について，その回数や内容について全て記入してもらったものである．ここで紹介した4人は，2002年時点では女子高校生であった．

　若者のメディア利用について，この10年間の変化は大きい．ケータイ，PCインターネット・ネットカフェ，漫画喫茶といったメディア・メディア空間が劇的に普及した．一方，92年当時，流行していたカラオケが衰微していったといわれている．大量データの分析からは，そういった集合的な実態も浮かび上がるが，質的データの分析からのみ，リアリティは浮かび上がってくる．

　おそらく，このメディア日記からいえることは，変わらないメディア利用として，テレビ視聴やカラオケの利用があげられる．確かに，若者のカラオケに行く機会は減っているのだろう．またカラオケに行く若者も限定されてきているのだろう．しかし，カラオケに行く若者は，長時間，楽しむのだということをこの日記は示している．また，テレビの視聴時間も長い．

　新たなメディア時間としては，「メール」という時間が創出されている．メールにのみ没頭する時間が若者の生活にあらわれたのである．ただし，このメールや通話の日記から，彼女たちの人間関係はそれほど広いものではないことがわかる．メールや通話の相手が，「同じクラスの」友達や，恋人，母親など身近な人間関係に限られており，1日のうちに何度も同じ名前があがっている．ここには，既存の親密な人間関係のなかでオールドメディアの上に重層的に重なったニューメディアを利用する若者の生活がみてとれる．

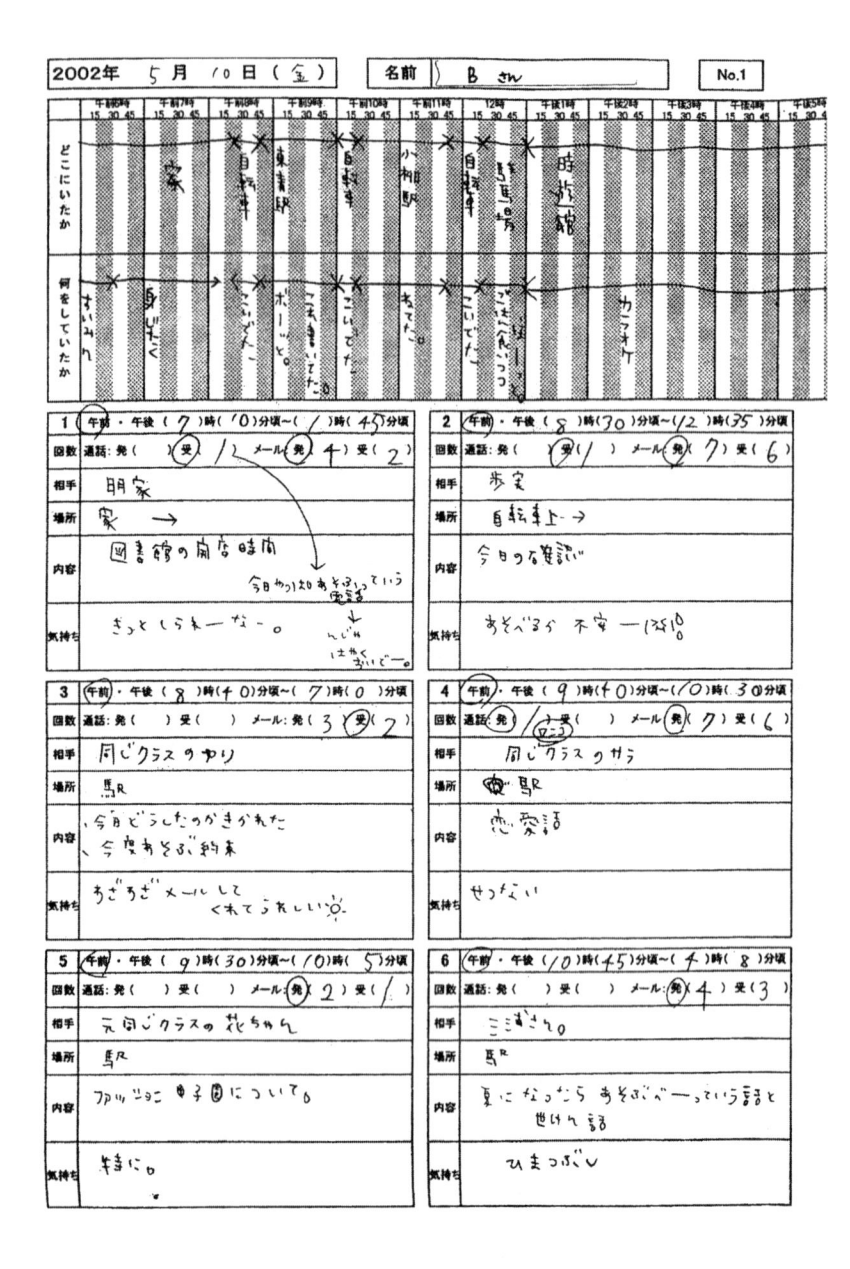

column Ⅲ　変わらないメディア時間・新たなメディア時間

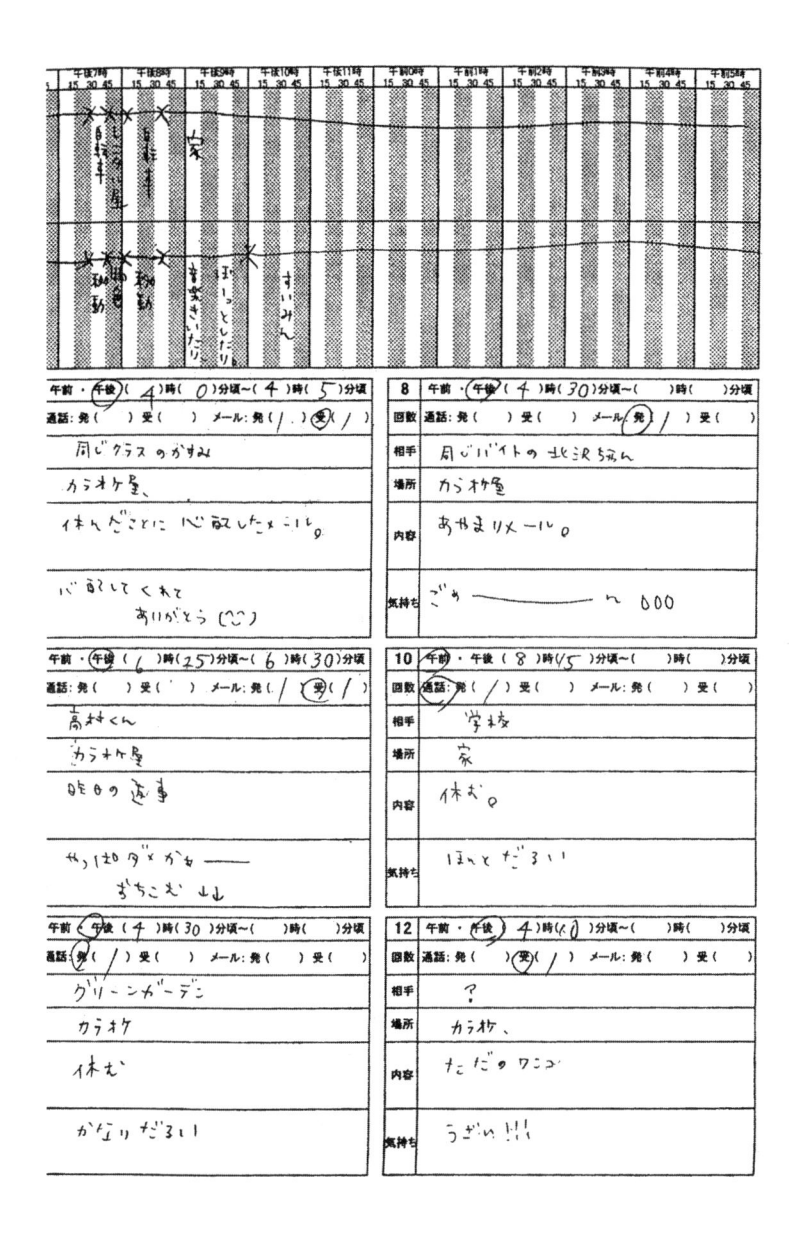

変わらないメディア時間・新たなメディア時間　column Ⅲ

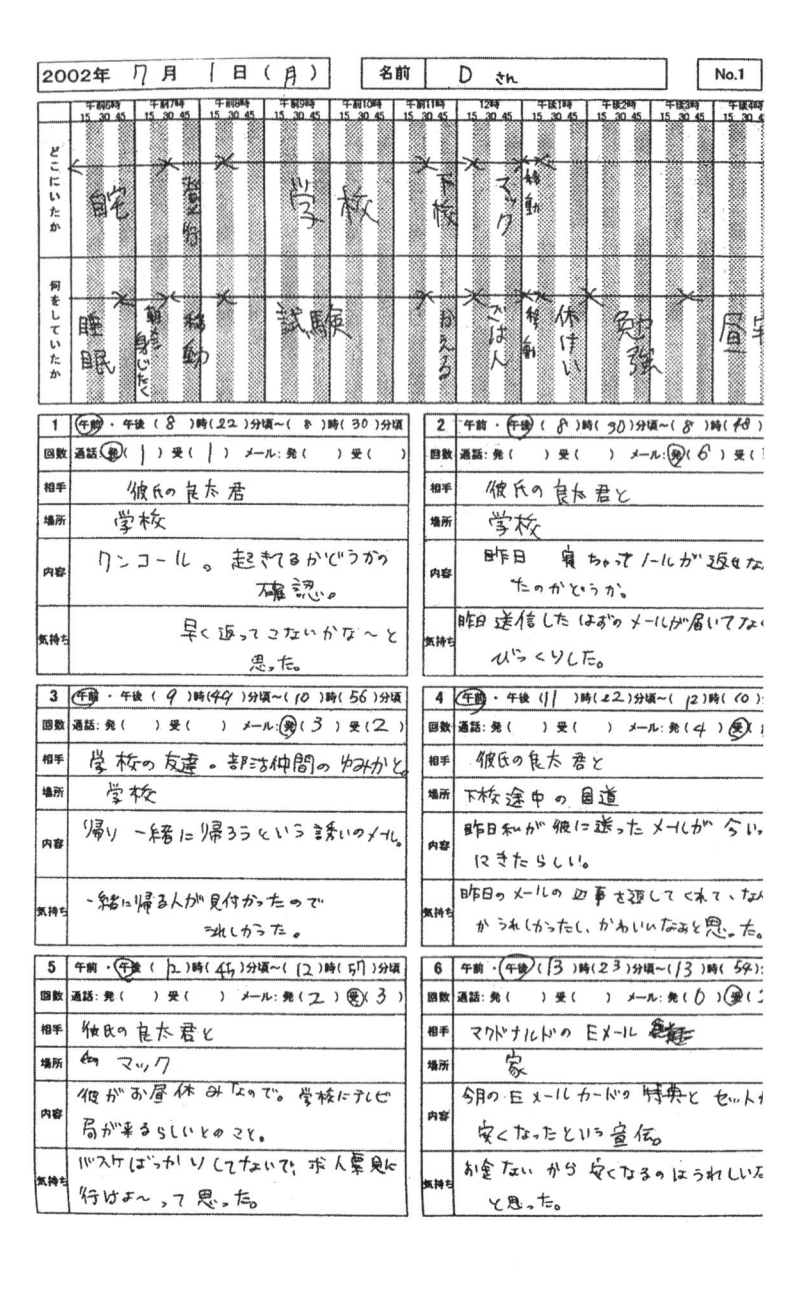

column Ⅲ　変わらないメディア時間・新たなメディア時間

変わらないメディア時間・新たなメディア時間　column Ⅲ

（手書きのタイムテーブルと記録用紙）

自宅
勉強　ごはん　電話　勉強　オフロ　メール　睡眠

7	午前・午後（13）時（56）分頃～（14）時（00）分頃
回数	通話：発（0）受（1）　メール：発（　）受（　）
相手	母
場所	家
内容	ごはん食べたかどうか。
気持ち	1人でごはんぐらい作って食べれるのに…って思った。

9	午前・午後（20）時（00）分頃～（20）時（04）分頃
回数	通話：発（　）受（　）　メール：発（1）受（1）
相手	彼氏の良太君から
場所	家
内容	ひまだったらしい。
気持ち	勉強あきてきたところだから うれしかった。

8	午前・午後（17）時（10）分頃～（17）時（30）分頃
回数	通話：発（　）受（　）　メール：発（3）受（4）
相手	クラスメイトの相川さんから
場所	家
内容	夏に行われるマーク模試を受けるかどうか聞かれた。
気持ち	試験あんまり受けたくないんだよなーっていうかんじだった。

10	午前・午後（20）時（13）分頃～（21）時（15）分頃
回数	通話：発（0）受（1）　メール：発（　）受（　）
相手	彼氏の良太君から
場所	家
内容	テストの調子はどうだとか、いつ会えるのかとか。
気持ち	メールがなかなか届かないらしくて、電話をかけてきてくれた。声きいて元気でた。

11	午前・午後（23）時（01）分頃～（23）時（52）分頃
回数	通話：発（　）受（　）　メール：発（12）受（12）
相手	彼氏の良太君と
場所	家
内容	明日良太が行く保健大について とか。
気持ち	勉強の後のメールだから楽しかった。

12	午前・午後（　）時（　）分頃～（　）時（　）分頃
回数	通話：発（　）受（　）　メール：発（　）受（　）
相手	
場所	
内容	
気持ち	

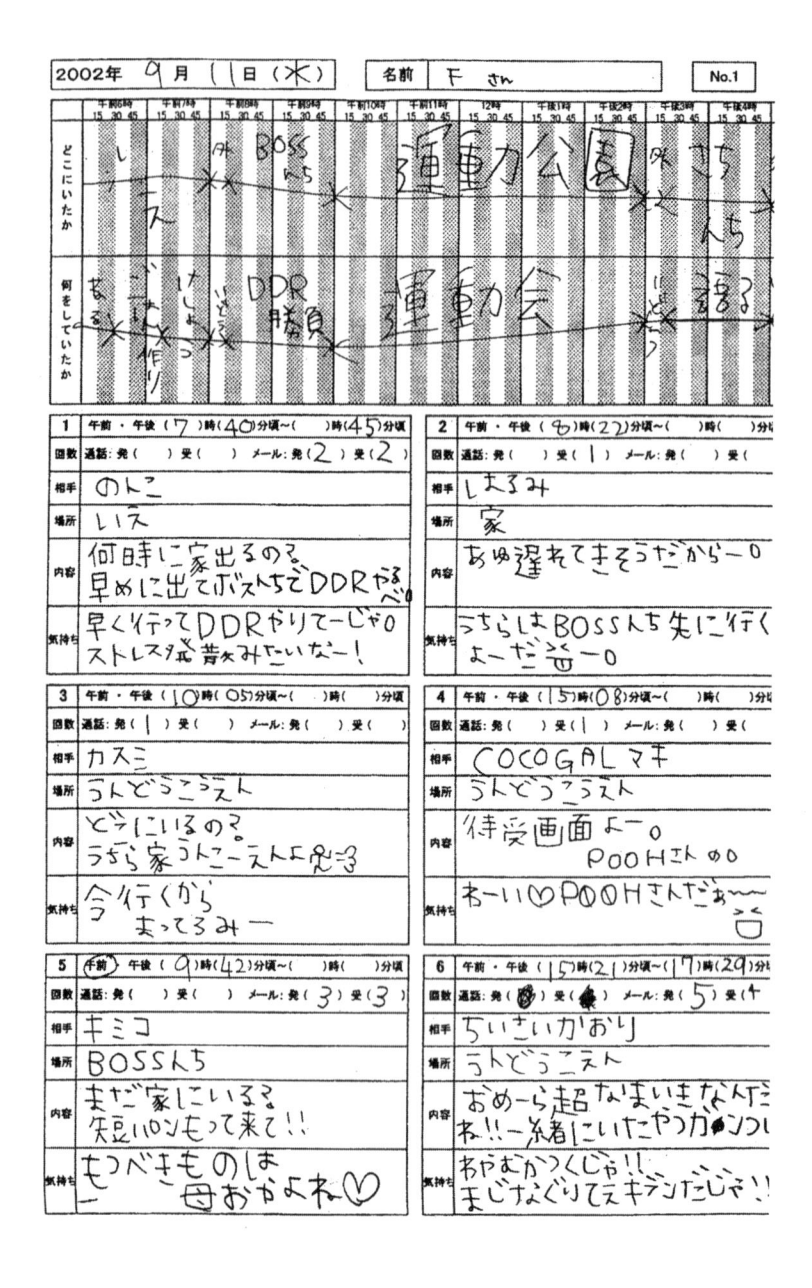

column Ⅲ　変わらないメディア時間・新たなメディア時間

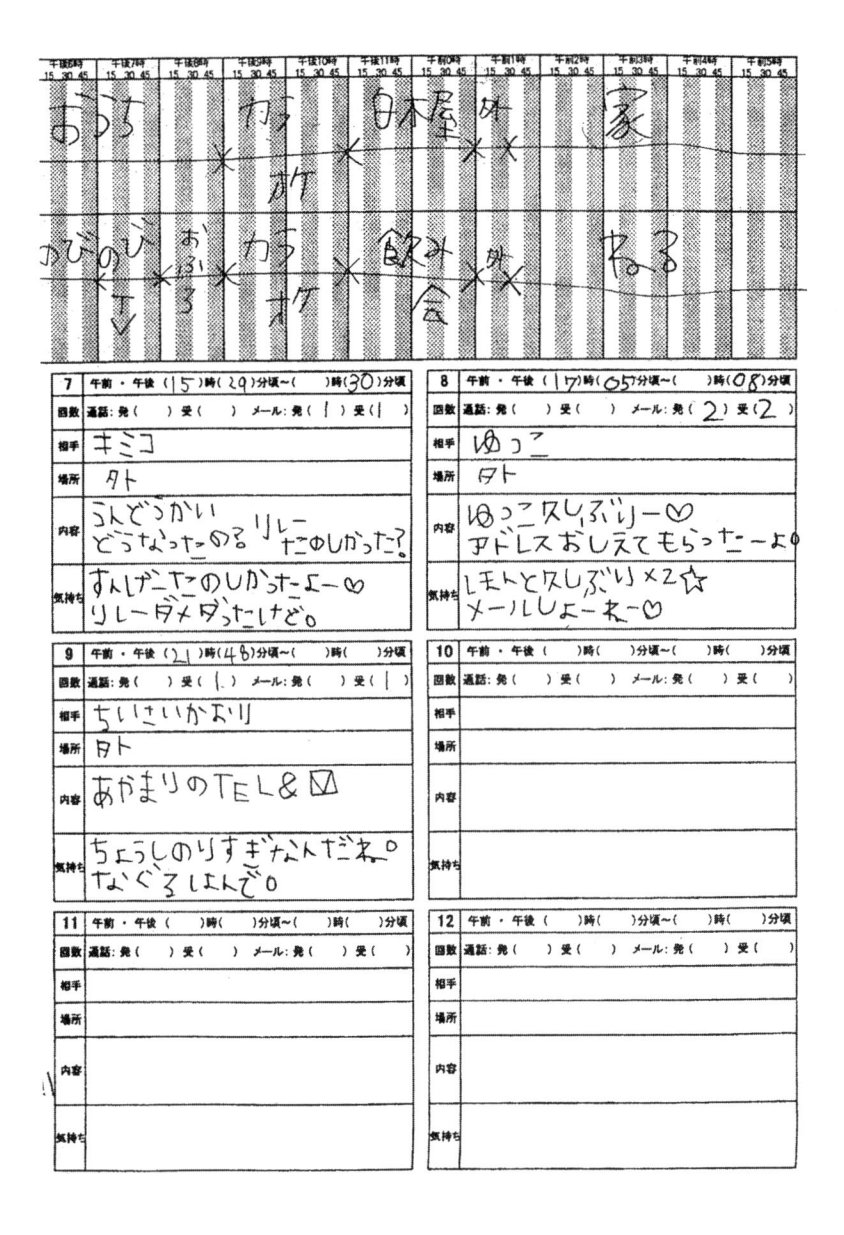

変わらないメディア時間・新たなメディア時間　column Ⅲ

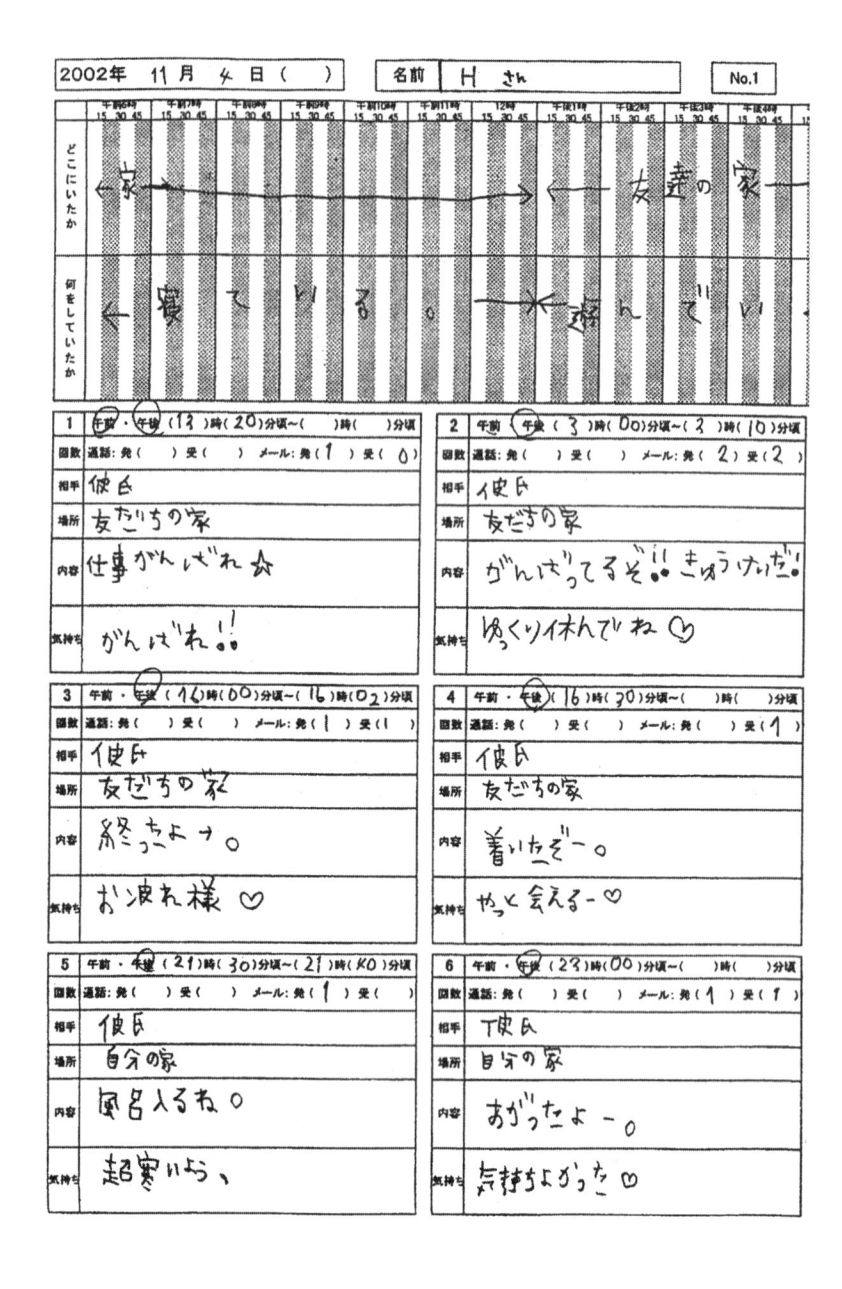

column Ⅲ　変わらないメディア時間・新たなメディア時間

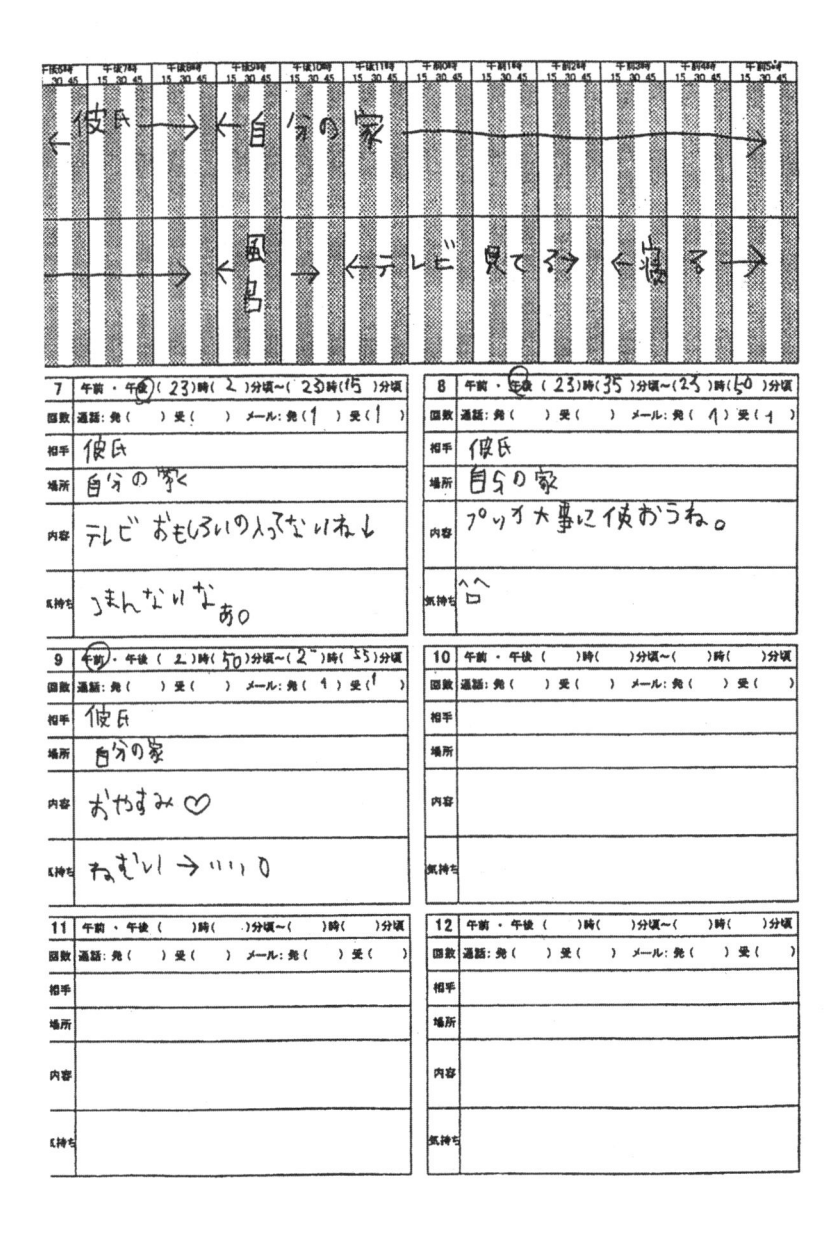

変わらないメディア時間・新たなメディア時間　column Ⅲ

7	午前・午後（23）時（2）分頃〜（23）時（15）分頃	8	午前・午後（23）時（35）分頃〜（23）時（50）分頃
回数	通話：発（　）受（　）　メール：発（1）受（1）	回数	通話：発（　）受（　）　メール：発（1）受（1）
相手	彼氏	相手	彼氏
場所	自分の家	場所	自分の家
内容	テレビおもしろいのしてないねー	内容	プッツ大事に使おうね。
気持ち	つまんないなぁ。	気持ち	へへ

9	午前・午後（2）時（50）分頃〜（2）時（55）分頃	10	午前・午後（　）時（　）分頃〜（　）時（　）分頃
回数	通話：発（　）受（　）　メール：発（1）受（1）	回数	通話：発（　）受（　）　メール：発（　）受（　）
相手	彼氏	相手	
場所	自分の家	場所	
内容	おやすみ♡	内容	
気持ち	ねむい→いい。	気持ち	

11	午前・午後（　）時（　）分頃〜（　）時（　）分頃	12	午前・午後（　）時（　）分頃〜（　）時（　）分頃
回数	通話：発（　）受（　）　メール：発（　）受（　）	回数	通話：発（　）受（　）　メール：発（　）受（　）
相手		相手	
場所		場所	
内容		内容	
気持ち		気持ち	

第 4 部

メディアと親密性の変容

メディア・コミュニケーションにおける親密な関係の築き方
―パソコン通信からインターネットの時代へ―

第7章

福重　清

1．メディア・コミュニケーションをめぐる2つの視線

　昨今，巷では「電車男」なるものが流行っている．ブームの火付け役となった同名の書籍は，2005年7月時点で売り上げ100万部を突破し，マンガ化は5種類で行なわれ，他に映画化，テレビドラマ化も相次いだ．映画の観客動員数も，100万人を超える勢いだという（毎日新聞東京版2005年7月4日付夕刊）．

　「電車男」は，2004年の3月から5月にかけてインターネット上の掲示板「2ちゃんねる」のなかで展開された，ある青年の書き込みをめぐる一連のやりとりをまとめたものである[1]．そもそも話の発端は，女性にまったく縁のなかった典型的な「アキバ系」青年が，電車内で酔客に絡まれている女性を助けたことに始まる．このとき，この青年は彼女に恋心を抱くのだが，内気な彼は，お礼を言う彼女に連絡先を教えただけですっかり舞い上がってしまう．この顛末を2ちゃんねるに書き込んだ青年は，その後，彼女からお礼にティーカップを贈られ，さらに舞い上がることになる．彼女にどう対応したらよいか．困った彼は，2ちゃんねるにそのことを書き込んだところ，これを見た「2ちゃんねらー」たちは，彼に対しあれやこれやと世話を焼き，彼の恋物語を応援していく．こうした応援に励まされながら，彼はついに彼女との恋を成就させる（中野 2004）．ちなみに「電車男」とは，この青年が2ちゃんねるに書き込ん

---

[1] この青年（「電車男」）の書き込みの内容をめぐっては，これが事実であるかどうかを疑う見方も存在する．しかし，彼の書き込みをめぐって，掲示板「2ちゃんねる」上でこの書き込みを見た者との間で一定のやりとりが行なわれたことは事実である．本稿が注目するのは，このやりとりがあったという事実であり，青年の書き込みの内容が事実であるかどうかは，本稿の考察に関するかぎり関係がない．

第7章 メディア・コミュニケーションにおける親密な関係の築き方

だ際に使用した「ハンドルネーム」（掲示板上のニックネーム）である．

この一連のやりとりは，その後，このやりとりにも参加したある人物によってまとめられ，それがインターネット上のサイトで公開された．この「まとめサイト」は，インターネット上で評判となり，アクセスが殺到した．「電車男」の本（中野 2004）は，この「まとめサイト」の内容を書籍化したものである．

この一連の人々のやりとりについては，数多くのマスメディアで取り上げられ，なかには「ネットに新世代出現」という世代論も飛び出したようである．ある雑誌の記事によれば，一世一代の恋愛相談を顔も名前も知らない相手にもちかけたことが，「我々には理解できない新世代だ」という解釈を生んだようである．この記事では，「恋愛相談などは匿名だからしやすい面があり，2ちゃんねるは短時間で多くの助言が集まる．それなりの合理性はあるわけだ」とされ，このネット上の一連のやりとりが当然のものとして肯定的に評価されている（『ASAHIパソコン』2004年7月15日号：22）．

だが，「電車男」のように，インターネットなどのメディア空間上のコミュニケーション（メディア・コミュニケーション）を肯定し，賞賛するような論評は，どちらかと言えば少数派である．一般的にメディア・コミュニケーションをめぐる世間の視線は厳しい．文脈はやや異なるので単純に並列に論じることは難しいが，典型的なメディア・コミュニケーションに対する世間の評価は，次の新聞記事のようなものであろう．

　「夏の罠　安易な出会い要注意少女らの警戒心希薄
　……（中略）……東京都内の当時高校2年だった少女を監禁したとして警視庁が7月，四回目の逮捕に踏み切ったK容疑者（24）．被害女性四人のうち，一人目の当時十八歳の少女と今回の少女の誘いの手口は一致する．
　出会いはインターネットのチャット．K容疑者は男性がネット上で女性を装う「ネカマ」という手口で近づき，気軽に相談に乗る優しさと寂しがり屋を演出し，少女らを引きつけていった．
　『匿名性から友たちにできない相談も気軽にでき，急速に接近しやすいのがネット』とインターネット協会（東京都）主任研究員の大久保貴世さん．そのうえで『面と向かえば歯の浮く言葉でも文字にするとグラッときたり，別の自分になったように浮かれてしまうが，チャットの相手は計算

ずくでやっていると考えるべきだ』と忠告する．……（中略）……『ネットなどが発達すればするほど，危険な出会いの機会は増える．だがそれらを遠ざけても情報が氾濫する現代社会では意味がない．気軽な出会いがもつ危険性を，大人は子供に根気強く教え続けてほしい』」（産経新聞2005年8月1日付朝刊）．

　この記事が伝えているのは，メディア・コミュニケーションで結ばれた人間関係は希薄で，脆く，危ういということだ．

　このような主張は，メディア・コミュニケーションを批判的に論じる主張として，これまでもしばしば見られたものである．例えば，小此木啓吾は，メディア・コミュニケーションの特徴について，「匿名で，一時的・部分的で，それ以上のつきあいを期待しない．やめたければスイッチ・オフすればよい．だから，自由で気楽になんでも言うことができる」（小此木 2000：136）と指摘し，このような形で取り結ばれる人間関係が増大していることについて，「お互いに相手を，生きた人格と思うよりは，むしろテレビやコンピュータにかかわるのと同じ程度の，かかわりをお互いが好むようになった．伝統的な一対一の人間関係観・倫理観から見ると，お互いの間はますます希薄で，しかも部分的，一時的，自分本位のものになった」（小此木 2000：128）と述べている．

　また，牟田武生は，現代の若者たちの人間関係について，「現実社会より匿名社会の「掲示板」や「チャット」の世界の方が，楽だし，寂しさや孤独から一時的に解放されるので，精神的には居心地が良い」（牟田 2004：63）と指摘し，その背景に，今日の子どもたちは，全体的に人間関係が希薄で，人間関係のスキルがなかなか身につかず，他人との距離を取り過ぎ，孤独を感じやすくなっている，ということがあると述べている（牟田 2004：63）．

　このような論者たちが指摘するインターネット上のサイトや掲示板，チャットなどでのコミュニケーションの特徴は，おおよそ次の三点にまとめられるだろう．

　第一に，対面的なそれと比べてやりとりされる情報量が少なく，第二に，メッセージの送受信は自分の都合のよいときに行なえばよく，コミュニケーションのチャンネルの切断が容易であり，第三に，その結果，匿名性が相対的に高く保たれ，ゆえにあまり親しくない者同士でもコミュニケーションがとりやす

い．もっとも，これらは主にインターネット上のサイトや掲示板，チャットなどでのコミュニケーションにあてはまる特徴である．例えば，二点目の特徴などは，携帯電話での通話やメールについては必ずしもあてはまるものではない．端末を常に携行する携帯電話では，メッセージの送受信がいつでも可能であり，たとえメールであっても即時的に応答することが求められる．その意味では，携帯電話は時間拘束性の高いメディアであり，ある程度親しい間柄にある者同士の間でよく使われるものである．小林正幸は，携帯電話を使用したメールが，若者の間では親しい関係を24時間維持する道具として用いられていることを指摘している（小林2001：40）．

　果たして，メディア空間 ─ 特に本稿が注目するのはインターネット上のウェブサイトや掲示板，チャットなどであるが ─ で展開されるコミュニケーションやその人間関係は，さきの論者たちが指摘するように脆く，危うく，希薄で，親密な関係とはほど遠いものでしかないのだろうか．2002年に私たちが若者を対象に行なった調査データ[*2]では，インターネットなどで知り合った相手と友だちづきあいをしている者の割合は，インターネット利用者の14.5％で，インターネットなどで知り合った相手と直接会ったことがある者の割合は，19.0％であった．さらにこれを1日2時間以上インターネットを利用するヘビーユーザーについてみると，インターネットなどで知り合った相手と友だちづきあいをしている者の割合は30.5％，インターネットなどで知り合った相手と直接会ったことがある者の割合は34.7％であった（図7・1）．このことはすなわち，ヘビーユーザーの場合，その3割以上の者が，ネット上になんらかの人間関係をもっているということである．これは決して少なくない数字であろう．もし，この人間関係が，すべて危ういものだとしたら，問題はかなり深刻だということになる．

　だが，このようなインターネット上に展開する人間関係が，一様に危ういものであるとは考えにくい．冒頭に挙げた「電車男」の例などでは，「電車男」

[*2] この調査は，本書の他の章でも言及されているが，2002年に青少年研究会が行なった「若者の意識と行動に関する調査」である．これは，東京都杉並区と兵庫県神戸市に在住する16歳から29歳までの若者2000人を対象に行なった調査であり，有効回答数1100ケースを得たものである．この調査の詳細については，高橋勇悦編（2004）を参照のこと．

の書き込みにコメントを付けた者の少なからずが，（表現形態はいろいろありながらも）彼の行動を支持し，激励をしていた．ここに見られるようなネット上の人間関係には，ある種の「親密な関係」が成立していたとは考えられないだろうか．

	インターネット利用者(N=373)	1日2時間以上のインターネット利用者(N=95)
インターネットや携帯電話等で知り合った相手と友だちづきあいをしている	14.5%	30.5%
インターネットや携帯電話等で知り合った相手と直接会ったことがある	19.0%	34.7%

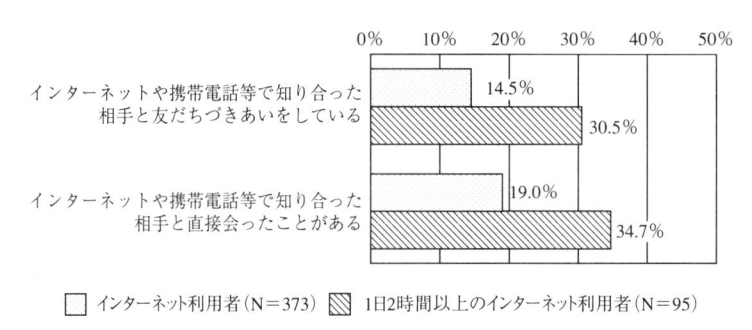

図7・1　インターネット利用者がもつネット上の人間関係

「電車男」のような事例の存在は，今日見られるメディア空間上の人間関係が，すべて希薄で，脆く，危ういものではないことを示唆している．メディア空間のなかに一種の「コミュニティ」のような「親密な関係」が見られることは，メディア研究者によってかねてから指摘されていた．例えば，M. ウェッバーは，物理的な空間を共有せず，メディア等による情報的な接近可能性によって支えられているコミュニティの存在を指摘し，これを「関心のコミュニティ」と呼び（Webber 1964：108-132），G. ガンパートは，メディアのなかに成立する人々の集まりを「メディア・コミュニティ」と名づけ，こうしたコミュニティが，友情を成立させたり，精神的な癒しをもたらしたりする場となっていることを指摘した（ガンパート 1990：232-265）．また，宮田加久子は，利用者が共通の関心テーマのもとに自主的に集い，意見交換や議論を行なっている電子ネットワーク上の社会空間（場）を「オンライン・コミュニティ」と定義し，そうした場が，割合はさほど大きくないものの，価値観等を共有できる人々の間で弱い紐帯を築く場として機能していることを指摘している（宮田 2005：51-61）．

メディア空間に展開する人間関係をめぐっては，一方には，これを希薄で，

脆く、危ういものとして警鐘を鳴らす見方が存在し、他方には、ここに親密な関係を見いだす見方が存在する。では、メディア空間上の人間関係が、希薄で危ういものとなるか、親密なものとなるかの岐路は、どこにあるのだろうか。また、メディア空間のなかでの親密な関係は、どのようなプロセスで築かれるのだろうか。本章では、このような問題を考えていきたいと思う。

本章では、まず初めに、議論の入り口として、そもそも「親密な関係」とはどのような関係をいうのか、暫定的ながら一定の定義を与えることを試みる。そして、メディア空間上での親密な関係の構築プロセスを、今から約12年前の、「パソコン通信」の頃の事例を振り返りながら考えていく。というのも、当時のパソコン通信のコミュニケーションには、親しい関係を築くために踏むべき一定の暗黙のプロセスが存在し、そこにはメディアを使用しながら親密な関係を構築するためのヒントとなるものが隠されていると思われるからだ。そのうえで、最後に、今日のインターネットなどでのコミュニケーションが、パソコン通信の頃とどのように変わってきているのかという点を考え、今日のメディア・コミュニケーションのあり方を考えていくことにする。

2. 親密な関係と親密感、信頼

「親密な関係」とは、どのような関係を指すのだろうか。

例えば、坂本佳鶴恵は、家族という関係を考察するなかで、親密な関係とは、第一に、見返りを期待しない、第二に、特定の相手に向けられる、第三に、気ままさ、気のおけなさを伴う、という三条件からなる「親密な行為」を交わしている関係であると述べている（坂本 1991：24-30）。また、E. ゴフマンは、「行為者が受容者の通常の個人的領域への侵害についてなんの配慮を示す必要もなく、また、そのプライバシーに侵入することで相手を汚染することになんの危惧を懐く必要もない場合には、我々は、行為者が受容者と親密な関係にあると言う」（ゴフマン 1986：59）と述べている。

彼らがともに指摘しているのは、行為をする相手に対する気兼ねなさである。つまり、行為者の行為をその受け手が受け入れており、その受け手に対して行為者がなんらの気兼ねもなく円滑に行為ができる状態にある関係が、親密な関係だというのである。同様の指摘は、より端的な形で山田昌弘も行なっている。

山田によれば，親密な関係とは，コミュニケーションが活性化している状態であり，見る，聞く，話す，触る，あげる，もらう，などのコミュニケーションが自然に円滑に行なわれている関係であるという（山田 1992：61）．これをもう少し厳密に言うなら，行なった行為や発したメッセージが相手に肯定的に受け入れられるというコミュニケーションが相互に円滑に連鎖している状態にある関係，これが親密な関係だということになるだろう．

　ただし，ここで「関係が親密であること」と，そこで抱かれる感情としての「親密感」とは，分けて考えておいた方がよいだろう．というのも，実際にある時点において物理的な交流がなく，コミュニケーションが行なわれていなくても，ひとたび出会ったときに円滑なコミュニケーションが行なわれるであろうことが十分に予期されているときには，当事者たちはその関係に親密感を抱いていると考えられるからだ．例えば，遠くに離れて暮らしている親友同士を考えてみればよい．物理的に離れていて，直接的なコミュニケーションが行なわれていなくても，彼らはその関係を親密なものだと感じているだろう．それは，彼らには，再会したときにはいつでも円滑なコミュニケーションが行なえるという確信があるからである．ここでは，いかなる行為を行ない，いかなるメッセージを発しようとも，確実に相手がその意味を理解し，受容するであろうという確信が前提的に成立している．このような確信を，N. ルーマンにならって「人格的信頼」と呼ぶこともできるだろう（ルーマン 1990：71-72）．その意味では，親密感とは，一種の「信頼」に対する感情であるといえる．親密感は，その時点において実際にコミュニケーションが行なわれていなくとも，円滑なコミュニケーションが予期されてさえいれば抱かれるものである．重要なことは，信頼と親密感は，円滑なコミュニケーション＝親密な関係の前提として成り立つものだということである．

　さて，親密な関係に関しては，次のような議論も存在する．大坊郁夫は，「親密な対人関係を築いていくためには，お互いに自分がどのような特徴をもっているかを相手に伝え，正確な理解をしていかなければなりません」（大坊 1998：183）と述べ，親密な関係を形成するうえでの自己の内面の開示の重要性を指摘している．

　また，草柳千早は，ゴフマンの相互行為儀礼に関する議論（ゴフマン 1986）

第7章　メディア・コミュニケーションにおける親密な関係の築き方

を援用しながら，恋人関係の形成過程を例に，親密な関係の形成プロセスについて次のように論じている．

　それによれば，通常，人は，他者から犯されたくない自己のテリトリーをもっており，日常のコミュニケーションのなかでは，互いにその侵犯を回避することによって，互いを尊重し合っている．これが，ゴフマンが言うところの「回避儀礼」である．しかし，関係の親密化とは，このような「壁」を取り払っていくことである．したがって，関係の親密化プロセスとは，一面において，回避儀礼を巧みに縮小化していくプロセスとしてとらえられる．と同時に，関係の親密化過程では，相手に対して敬意や好意をもっていることを示す「呈示儀礼」も重要である．この2つの儀礼が駆使されながら「壁」が取り払われ，自己の内面が呈示され，関係の親密化が図られるというのである（草柳 1991：134-145）．

　自己の内面にかかわるメッセージは，他者から最も否定されたくないものであり，この種のメッセージが円滑にやりとりできる関係は，確かに親密な関係だとみることができる．だが一方，自己の内面が開示されなければ親密な関係は築かれないということではないようにも思われる．自己の内面にかかわるコミュニケーションが行なわれなくても親密な関係が築かれることは，とりわけメディア空間上の人間関係ではしばしば見られることである．

　「壁」は，自己の内面を守るために築かれているのではなく，発したメッセージが否定される ── コミュニケーションの円滑な連鎖が中断する ── リスクを回避するための緩衝材として築かれているように思われる．関係の親密化において重要なのは，円滑なコミュニケーションのための前提をいかに築いていくかである．その際の自己の内面の開示は，親密な関係を構築する際の十分条件とはなっていても，必要条件になっているとまでは言えないだろう．もっとも，これは時代的な問題なのかもしれない．自己の内面の開示は，かつては親密な関係を構築する際の重要な要件であったかもしれないが，今日においては，それほど重要な要件ではなくなってきているように思われる．

　ここで改めて確認しておこう．これまでの議論によれば，親密な関係とは，発した行為やメッセージが受け手に肯定的に受け入れられるというコミュニケーションが相互に円滑に連鎖している状態にある関係のことであった．また，

親密な関係が築かれるためには，その前提として，発したメッセージが肯定的に受け入れられるであろうという信頼の感覚 ― 親密感 ― が相手に対して抱かれていることが不可欠であった．

では，インターネットなどのメディア空間のなかでは，親密な関係は，どのようにして築かれるのだろうか．次節では，この点を考えていくことにしよう．

3. メディア空間における親密な関係の築き方
　――「パソコン通信」の一事例から

インターネットなどのメディア空間において，親密な関係は，どのようにして築かれているのだろうか．

宮田は，オンライン・コミュニティにおいて人間関係が形成される要件として，第一に，オンライン・コミュニティ上で自己開示をすること，第二に，将来の継続的な交流を予期すること，第三に，態度の類似性やそれに基づく共感が存在すること，の3つを指摘している（宮田 2005：56-58）．ただ，これらの要件は，必ずしもメディア空間固有のものではなく，一般の人間関係を形成する際にも重要なものであるようにも思われる．

むしろ問題は，最初のメッセージの発信が，メディア空間上において，いかにして可能となるのか，ということにあるように思われる．メディア空間における親密な人間関係の形成が，対面的なコミュニケーションの場合よりも容易であるというのであれば，その違いはどこに起因するのか，この点を明らかにする必要があるだろう．

このような問題について，ここでは1つの古い事例を持ち出して考えてみることにしたいと思う．それは，今から約12年前の1993年頃の「パソコン通信」上にあった，とあるオンライン・コミュニティでの事例である．

現在のインターネットは，特定の通信会社などに依存しない世界規模のネットワーク・インフラであり，これを利用することで，世界中の人と容易に情報をやりとりすることが可能となっている．一方，いわゆる「パソコン通信」は，主に通信会社が用意したホスト・コンピュータに，各ユーザーが（電話回線などを介して）自分のパソコンなどを接続させ，そのホスト・コンピュータとの間でデータをやりとりしたり，あるいはホスト・コンピュータを介してユーザ

第7章 メディア・コミュニケーションにおける親密な関係の築き方

一同士でコミュニケーションを行なったりする，閉じたネットワーク・サービスであった．

パソコン通信は，1985年の電気通信事業法施行以降に本格的なサービスが始まり，1993年当時には，大手のPC-VAN（現BIGLOBE），アスキーネット（1997年サービス終了），NIFTY-Serve（現@nifty）の3社を中心に，200万人程度が利用していた（『月刊ASCII』1993年3月号：368-369）．その後，パソコン通信事業者の多くは，インターネットの普及を受け，独自のネットワーク内だけでのサービス提供をやめ，インターネットへのゲートウェイを提供する接続業者へと転換していった．

パソコン通信では，主なサービスとして，ニュースや天気予報といった情報提供やオンライン・ショッピング，オンライン・バンキングといった経済サービス，また，電子メールや掲示板，チャットなどといったコミュニケーションに関するサービスなどが提供されていた．このうち，コミュニケーションのサービスについては，例えば，PC-VANやNIFTY-Serveなどでは，映画や音楽，旅行や子育てなどといった様々なカテゴリー毎にサークルのような場（「SIG」（PC-VAN）や「フォーラム」（NIFTY-Serve）などと呼ばれた）が設けられ，それぞれに掲示板やチャットが用意され，各グループがまさにオンライン・コミュニティのような形を形成していた．

ここで事例として提示するのは，1993年当時のNIFTY-Serveのなかにあった，あるフォーラムについてである．このような古い事例を今ごろになって振り返ることの理由は次の点にある．

第一に，ここでのコミュニケーションに関するサービスは，コメント返信型の掲示板とチャットしかなく[3]，またそのいずれもがテキスト（文字）ベース

---

[3] 当時，NIFTY-Serveの「フォーラム」内に設けられた掲示板サービスは，「BBS（Bulletin Board System）」や単に「ボード」などと呼ばれ，チャットサービスは「RTC（Real Time Chat）」や単に「RT」と呼ばれていた．また，パソコン通信サービスのなかに用意された公式サービスではないが，パソコン通信利用者たちは，仲間同士で直接会うことを「オフライン・ミーティング」ないし「オフ」という形でよく行なっていた．後述するこのフォーラムのメンバーへの調査の回答のなかでも「ボード」や「RT」，「オフ」などといった単語が使用されていたが，本稿では，この部分については，現在の一般的な用語法に従って，それぞれ「掲示板」，「チャット」，「オフ会」という表記に改めている．

3. メディア空間における親密な関係の築き方

のサービスであったため，今日のインターネットに見られるようなグラフィカルなコミュニケーション・サービスに比べてサービスの内容が単純で，考察が容易である．第二に，当時の利用者は，これらの限られたサービスを駆使しながら親密な関係を形成しており，そのサービスの利用の仕方には暗黙のルールが存在していた．第三に，当時に見られた親密な関係の築き方が，その後いかに変化したのかをたどることで，今日のメディア・コミュニケーションがなぜ危ういものになりうるのかを知る手がかりが得られると思われる．

　1993年当時，私は，パソコン通信の利用者たちが，いかにして親密な関係を築くのかを知るために，NIFTY-Serveのなかの，あるフォーラム[*4]に参加し，一緒に活動をしながら観察を行なうとともに，そのメンバーの何人かに電子メールによる調査を行なった[*5]．調査は，そのフォーラムのなかで人間関係を深めていく過程についていくつか質問をし，自由回答形式で回答を寄せてもらった．以下で引用するメンバーの言葉は，この調査への回答として寄せられたものである．

　私が参与観察をしていたとき，このフォーラムの利用者の間では，新しく加入してきたメンバーが既存の（相対的にベテランな）メンバーとの間で関係を親密化させていく過程に，一定の暗黙のルールが存在していた．それは，新参者にはまず掲示板で発言をしてもらい，掲示板で一定程度のやりとりを重ねた後にチャットに招待をし，チャットに参加してもらうようにする．さらに，チャットで親しくなった者には，オフ会[*6]への参加を勧め，直接会う機会をもつ．逆に言えば，十分な親密感が築かれなかった者には，チャットやオフ会への招待が行なわれず，自ずと関係は疎遠になるというようなものであった．

[*4] このフォーラムは，恋愛などの話題を語り合うフォーラムで，掲示板を中心にチャットやオフ会も盛んであった．当時オフ会などにも積極的に参加していたメンバーは，20代後半から30代前半を中心に男女合わせて30名程度であった．

[*5] この調査は，私がオフ会で直接会ったことのあるメンバー20人ほどに電子メールで調査を行ない，自由回答形式で回答を得たものである．回答数は，男性11，女性1の計12ケースであった．なお，回答者の年齢表記は，調査時点のものである．

[*6] オフ会ないしオフライン・ミーティングとは，メディア上でコミュニケーションを行なう者たちが，日時，場所を決めて直接会う会合のことである．オフ会の内容は，多様なものがありうるが，当時，このフォーラムのメンバーたちが行なっていたオフ会は，飲み会やドライブ，バーベキューなどが中心であった．

127

第7章　メディア・コミュニケーションにおける親密な関係の築き方

　もちろんすべてのメンバーがこのような手順を踏んでいたわけではないが，掲示板やチャットに頻繁に参加する者の多くが，このような暗黙の手順を踏んでいたようであった．要するに，ここでは関係の親密化に応じて，コミュニケーションの形態（サービス）段階的に変化させるということが，メンバーの間で暗黙裏に行なわれていたのである．

　このようなやり方は，「フォーラム」というオンライン・コミュニティのなかで親密な関係を築いていく上でどのような意味をもっていたのだろうか．これには次の三点が指摘できると思われる．

　一点目に考えられることは，彼らは，まずやりとりされる情報量の相対的に少ないサービスを利用して共通の理解や話題を構築し，その後の，より情報量の多いサービスでコミュニケーションを行なったときに円滑なコミュニケーションが可能となるための前提となる信頼と親密感を構築していたということである．つまり，チャットで円滑なコミュニケーションが行なえるための信頼を掲示板で構築し，オフ会で対面したときに円滑なコミュニケーションが行なえるための信頼をチャットで構築していたのである．このように，彼らは，まず前提としての信頼と親密感を築いてから，より情報量の多いコミュニケーションに移行するというやり方をとることで，後の（より情報量の多い）段階のコミュニケーションをスムーズに展開することを可能にしていたのである．

　このことは，初めてオフ会に参加したときの印象を尋ねた質問に対する，次の回答にも表れている．

　　　「最初は『上手くとけ込めなかったらどうしよう』と心配していました．またさらに当日都合で集合時間に遅刻したのも加わって，実際に会うまで気が重かったです．でも店のドアを開けたとたんに返ってきた人なつっこい『こんにちは』（という言葉）がそんな不安を吹き飛ばしてくれました．それからの（オフ会の）2時間は飛ぶように過ぎて，まるで旧知の友人と話しているような錯覚を感じました．」（30歳・男性）

　この回答には，直接対面することが初めてであったにもかかわらず，コミュニケーションが円滑に展開できたことが書かれている．このようなことが可能であったのは，やはりオフ会での出会い以前にチャットや掲示板でのコミュニケーションがあり，そこで一定の信頼や親密感が築かれていたからだと考えら

れる．掲示板とチャット，オフ会それぞれの親密感の違いについて，別のメンバーは次のように答えていた．

　「これら3つのなかで相手に最も親しみを感じるのは，やはりオフ会に出たときだと思います．掲示板やチャットの場合，当然相手の顔は見れないわけだし，またどんな人かわからないので（その人の書き込みの内容から，勝手に判断するしかないので），どうしても親密感という点ではオフ会に比べて劣ってしまうと思います．ただし，毎日のように頻繁にコメントをやりとりしている相手に対しては，少しずつ親密感も増すとは言えますが……．チャットの場合もこれに近いと思いますが，掲示板よりは直接会話する感覚に近いので，親密感も少しは感じやすいと思います．でもやはり，直接会うのが一番ですね．」(29歳・男性)

　二点目に指摘できることは，関係がそれほど親密になっていないメンバーには相対的にやりとりされる情報量の少ないサービスを利用してもらうというやり方は，コミュニケーションの円滑な連鎖が中断するリスクを減少させるように作用していたということである．なぜなら，やりとりされる情報量が多ければ，それだけメッセージが否定される可能性が高まるが，やりとりされる情報が限定されていれば，肯定か否定かはその限られた情報についてのみ決定されることになり，それだけコミュニケーションの連鎖が中断する可能性は低下すると考えられるからである．単純に言えば，対面的な状況での出会いであれば，発言の内容だけでなく，表情や態度，声の抑揚などの情報も肯定／否定の判断の手がかりとされるが，これらの情報が遮断されていれば，肯定／否定はその発言内容のみで判断され，それだけ否定のリスクは減少するというわけだ．

　このような特性は，パソコン通信の利用者自身にも意識されていたようである．私が行なった調査のなかでも，掲示板，チャット，オフ会の違いについて次のような指摘をする言葉があった．

　「掲示板のよさは，書き込みを後からじっくり読めるし，書くのも後から，しかもある程度自分が納得できる内容を書けることです．また結構深い論議が，他の2つより簡単にできます．チャットのよさは，一言で言うと「手軽さ」．掲示板との比較では，書き込みとしての文章を書くのが面倒だと思っても，チャットでキーボードを叩くのは面倒じゃないというこ

とはよくあります．チャットはリアルタイムで応答ができるのがいいとこです．オフ会との比較では，自分の部屋にいて，しかも頻繁に話ができるのがチャットのよさです．オフ会のよさは，なにより文字でなく，実際に会って相手を見ながら話ができることです．」*(25歳・男性)*

　さらに三点目として指摘できることに，コミュニケーションの最初の開始点となった掲示板での発言が可能となった背景には，そのフォーラムに自分の関心のある（発言可能な）事柄についてのコミュニケーションが一定程度蓄積されていて，そのやりとりに信頼を抱いていたということがあり，さらにその背後にはパソコン通信の利用者そのものに対しても一定の信頼を抱いていたということがあったように思われる．というのも，フォーラムの利用者はもとより，パソコン通信の利用者そのものに対する信頼がなければ，パソコン通信を使用したり，フォーラムに参加したりすること自体が行なわれなかったであろうし，フォーラムでのやりとりに対する信頼がなければ，発言自体が行なわれなかったであろうからだ（事実，いわゆる「ROM（Read Only Member）」と称される，自らは発言を行なわずに書き込みを読むだけのメンバーは，当時も多かった）．

　このように，当時のパソコン通信の利用者たちは，掲示板，チャット，オフ会という3つのコミュニケーションを巧みに使い分けながら親密な関係を築き上げていた．そのやり方は，相対的にやりとりされる情報量の少ないメディアで信頼と親密感を築いてから，より情報量の多いコミュニケーションに移行するというものであり，それはまた，コミュニケーションの連鎖が中断するリスクを減少させ，親密な関係の構築を容易にするというものであった．J. メロウィッツは，対面的状況でのコミュニケーションのルールが，メディアを利用することで別な形で実現されることを指摘しているが（メロウィッツ 2003），ここで挙げた例は，親密な関係を形成するうえで必要な信頼の形成とコミュニケーション上のリスクの回避を，メディアを利用する形で実現したものということができるだろう．

　では，メディア空間上で親密な関係を築くための当時のこのようなやり方は，今日，インターネットの時代を迎え，どのような変化を遂げているのだろうか．

4. 今日のメディア・コミュニケーションの位相と残された課題

　パソコン通信のコミュニケーションを振り返るなかで確認されたのは，親密な関係を可能とするための信頼と親密感を構築する過程の重要性であった．では，今日のメディア・コミュニケーションのなかで，この信頼構築の過程はどうなっているのだろうか．

　ここ十数年の最も大きな変化といえば，インターネットを利用したメディア・コミュニケーション人口の飛躍的な増加であろう．前述したように，1993年のパソコン通信利用者の数は約200万人であった．これに対し，2004年のインターネット利用者の数は約7950万人である（総務省編 2005：28）．これは，単純に計算すれば約40倍の増加である．

　このような変化を踏まえてメディア空間での親密な関係の形成を考えるなら，以前にも増して信頼と親密感を形成する過程が重要になったと言うことができるのかもしれない．メディア利用者の人口が増えたということは，それだけメディア空間上で多様な人々と出会う可能性が増大したということである．もちろん，これは円滑なコミュニケーションのできる相手と出会う可能性が増大したということでもある．だが，それはまた同時に，コミュニケーションがうまくいかない人物と出会うリスクが増大したということでもある．これは，言い方を換えれば，パソコン通信の時代には存在したメディアの利用者そのものに対する信頼が，インターネットの時代を迎えるなかで揺らいできたということでもある．以前には存在した「『同じ』（パソコン通信などの）メディアの利用者であればどこかしら理解し合えるところはあるはずだ」といった漠然とした信頼は，その利用者数の飛躍的な増大によって困難になってきているのかもしれない．

　このように考えた場合，信頼と親密感を形成する過程には，以前にも増してより慎重さが求められるようになったということが言えるのかもしれない．しかし，改めて考えてみれば，見知らぬ人との出会いにおいて，その相手と親密な関係が築けないかもしれないというリスクは，パソコン通信であるかインターネットであるかにかかわらず，また，メディア空間であるか対面的状況であるかにかかわらず，実はどこであろうとも決して解消されることのないリスクなのである．つまり，コミュニケーションを慎重にしようがしまいが，永遠に

第7章　メディア・コミュニケーションにおける親密な関係の築き方

そこにリスクがあることにはもともと変わりがない．極論するなら，もし，リスクを完全に回避することのみを考えるのであれば，見知らぬ人との出会いをいっさい避け，自室のなかにひきこもっているのが一番確実な方法ということになるだろう．出会いには，必ず一方にリスクが，他方に親密な関係を築く可能性が並存しているのである．つまり，リスクに注目すれば，「出会い系サイト」などに象徴されるように，メディア空間上の出会いはきわめて危ういものということになり，信頼の可能性に賭けるのであれば，メディア空間上の出会いもまた，親密な関係を構築する1つの入り口ということになるのである．

では，今日のメディア空間での出会いでは，信頼や親密感はいかにして構築されているのだろうか．さきに確認したように，パソコン通信の時代には，そこには一定のやり方が存在していた．だが今日，そのやり方は，メディア利用者人口の飛躍的な増大を受けて，必ずしも通用するものではなくなってきている．それでもなお，今でもメディアのなかで親密な関係が築かれる例は存在する（冒頭に挙げた「電車男」を支えた人々の関係などはその典型であろう）．ということは，そこに新たな何かしらの信頼構築の営みがあるということであろう．

では，それはいったいどのようなものなのだろうか．残念ながら，本稿には，この課題に十分な解答を与えるための材料が揃っていない．インターネット時代のメディア・コミュニケーションを知るためには，まずこの課題に解答していくことが必要であろう．

文　献

『ASAHIパソコン』2004年7月15日号朝日新聞社．
『月刊ASCII』1993年3月号アスキー．
ゴフマン，E., 1986, 『儀礼としての相互行為』法政大学出版局．
ガンパート，G., 1987, 『メディアの時代』新潮社．
小林正幸, 2001, 『なぜ，メールは人を感情的にするのか―Eメールの心理学』ダイヤモンド社．
草柳千早, 1991, 「恋愛と社会組織―親密化の技法と経験」安川一編『ゴフマン世界の再構成』世界思想社．
ルーマン，N., 1990, 『信頼―社会的な複雑性の縮減メカニズム』勁草書房．
メロウィッツ，J., 2003, 『場所感の喪失〈上〉―電子メディアが社会的行動に及ぼす影響』新曜社．

文　献

宮田加久子，2005，『きずなをつなぐメディア―ネット時代の社会関係資本』NTT 出版．
坂本佳鶴恵，1991，「家族らしさ」吉田民人編『社会学の理論でとく現代のしくみ』新曜社．
牟田武生，2004，『ネット依存の恐怖 ― ひきこもり・キレる人間をつくるインターネットの落とし穴』教育出版．
中野独人，2004，『電車男』新潮社．
小此木啓吾，2000，『「ケータイ・ネット人間」の精神分析 ― 少年も大人も引きこもりの時代』飛鳥新社．
総務省編，2005，『情報通信白書〈平成17年版〉「u-Japan の胎動」―2010年の「u-Japan」実現に向けて』ぎょうせい．
高橋勇悦編，2004，『都市的ライフスタイルの浸透と青年文化の変容に関する社会学的分析』平成13・14・15年度科学研究費補助金（基盤研究（A）(1)）研究成果報告書．
大坊郁夫，1998，『しぐさのコミュニケーション―人は親しみをどう伝えあうか』サイエンス社．
Webber, Melvin, 1964 "The Urban Place and Nonplace Urban Realm." Webber Melvin, *Explorations into Urban Structure*. Univercity of Pennsylvania Press.
山田昌弘，1992，「ゆらぐ恋愛はどこへいくのか ― 恋愛コミュニケーションの現在」『ポップコミュニケーション全書』パルコ出版：50-69．

インターネット社会の恋愛関係
―「複合現実社会」における親密性と匿名性―

第8章

富田英典

1．はじめに：部屋の扉を開いて

　1月14日．横須賀市のAさん（40）にとって，第二の「誕生日」だ．04年のこの日，15年間の引きこもり生活に，ピリオドを打った．（中略）転機は03年12月．ネットで参加するオンラインゲーム「ファイナルファンタジー」で知り合った1人の女性に恋をした．彼女とのチャットで「親切だから，好き」と言われ，15年間で唯一，他人に感情を動かした．自分を知って欲しい．うそをつきたくない．考え抜いた末，最も口にしたくない言葉で，自分をさらけ出した．
　引きこもりなんだ
　拒絶を覚悟で，キーボードをたたいた．
　そうなんだぁ．カウンセリングしようか？
　返事に心が浮き立った．思いを告白したが，今度は「ネットの出会いは信じられない」．失恋はこたえた．誰か，生身の人間に支えて欲しい．何の予定もなく空白だったカレンダーに「保険所にいく」と書き込んだ．（中略）「人とつながっていることが，うれしい」．誰かと待ち合わせると，胸が高鳴る．そんな今の自分が，気に入っている（「部屋の扉を開いて 15年間の孤独に終止符（眠る：5）」朝日新聞（神奈川）2005年1月6日朝刊）．
　家庭用コンピュータゲームは，ネットワークゲームへと次第に移行しつつある．そこでは，他のプレイヤーと力を合わせてゲームを進めることになる．どこの誰かも知らないが画面ではゲームのキャラクタ同士が仲よくチャット（お喋り）をしながらゲームをしている．そんなネットワークゲームをしていると，

いつの間にか友情が芽生えたり，時には恋愛感情がうまれたりすることさえある．15年間閉じられていた心の扉を開いたのは，そんなオンラインゲームで知り合った女性であった．なぜこのようなことが可能になるのだろうか．

　1990年代，電話やメールを利用した新しい恋の形が登場した．特に，インターネットの普及によって生まれたネット恋愛が関心を集めた．それは，同時に，若者たちが決して「実際に」会わず，話しもせずに誰かと恋に落ちると主張するのはなぜかという疑問を私たちに突きつけた．本章では，そんな「ネット恋愛」について考えたい．

2．「恋するネット」の拡大

　米国映画『ユー・ガット・メール（YOU'VE GOT MAIL）』（1998年 Warner Brothers），テレビドラマ『With Love－近づくほどに君が遠くなる－』（1998年フジテレビ系）などで取り上げられた「ネット恋愛」は，もはや映画やテレビドラマだけの話ではなくなっている．Yahooジャパンは，友だち・メル友・恋人・結婚相手が探せる「Yahoo！パーソナルズ」を開設している．AOLジャパンとMSNジャパンも，世界32ヵ国18言語で100以上の会員制オンラインマッチングサイトを運営し246ヵ国に1,500万人の会員を有するマッチングサービス最大手のMatch.comと連携し，結婚相手・恋人探しサイト「恋愛・結婚チャンネル」，「MSNパーソナル」を開設している．インターネットのポータルサイトをはじめ，多数のサイトが男女の出会いの場を提供しているのである．そこでは，希望する条件を入力して検索すれば，簡単に登録している男女の写真やプロフィールを見ることができる．Match.comの場合は，登録は無料で会員同士のメール交換は匿名で行なわれる．携帯電話の出会いサイトが社会問題になった日本では，まだこのようなマッチングサービスには抵抗がある．しかし，恋人が欲しい，結婚したいけれども仕事が忙しくて出会いがない若者は多い．インターネットを利用したマッチングサービスは今後日本でも利用者が拡大すると予想される．

　ただ，Match.comには「安全で安心なめぐり逢いのために10のアドバイス」が掲載されている．その1には，「最初はメールのやりとりから始めましょう．メールを続けていく上で，お互いをよく理解してください．メールの相手は匿

名ですので，言動をそのまま受け取らないこと，すべてを信じないことが基本です」とある．このような匿名のメール交換でお互いを理解し合えるようになるのはなぜなのだろうか．その理由は，「恋するネット」の世界で若者たちが「どこの誰かということよりも，もっと大切なことがある」ということに気がついていくからである．それは，現実世界の社会的な地位や役割によって規定された個人ではなく，それらから解放されたオンライン上の個人こそ「本当の私」でいられることを意味している．換言すれば，メディア上で多元的で柔軟な自己を呈示することが可能な時代になったにもかかわらず，若者たちはそこに「本当の私」と「本当のあなた」との出会いを求め始めているのである．

ただ，「ネット恋愛」は，マッチングサービスよりも，インターネットの掲示板やチャットルームなどで知り合った若者たちの間で自然に生まれる恋愛関係を指す場合が多い．また，冒頭で紹介したネットワークゲームをするなかで生まれる場合もある．そこで，ここでは「ネット恋愛」を匿名性を前提に成立するメディア上の恋愛関係と定義しておくことにしたい．

このような「ネット恋愛」を分析するにあたってまず検討しておきたいのが，『ときめきメモリアル』などの恋愛シミュレーションゲームである．『ときめきメモリアル』は，1994年にコナミから発売され口コミで人気が広がり，延べ100万本以上の売り上げを記録した人気ゲームであり，関連商品も多数登場している．コンピュータのなかで私立きらめき高校に入学し，憧れの藤崎詩織とデートを重ねて卒業式の日に彼女から告白をされるように勉強や部活などに取り組むというゲームである．ただ，それは男性向けのゲームであった．その結果，恋愛シミュレーションゲームは，生身の女性を相手にできない男性のゲームというマイナスイメージが生まれた．しかし，同種のゲームは男性向けだけではない．ゲーム会社コーエーが開発したネオロマンスシリーズ『アンジェリーク』『遥かなる時空のなかで』『金色のコレウダ』は，女性向け恋愛シミュレーションゲームである．実は，このように恋愛シミュレーションゲームは，男性用と女性用の両方が登場しているのである．これらのゲームの特徴は，プレイヤーが自分の分身を操作して，ゲームのなかの異性と恋愛関係になっていくところにある．周知の通り，ゲームのキャラクタやアニメの登場人物などに擬似的な恋愛感情を抱くことは「萌え」と呼ばれている．近年，CG（コンピュー

タグラフィックス）の技術は急速に進歩している．2004年11月にはイタリアのミラノでデジタル美女コンテスト『ミス・デジタル・ワールド』が開催され，オンライン投票の結果チリ代表の「カティ・コ」が栄冠を仕留めている[*1]．

他方で，コンピュータゲームは，インターネットを利用したネットワークゲームへと移行しつつある．ネットワークゲームはパソコン用ソフトとして登場し人気を集めていた．『DOOM』(1994年)，『ディアブロ』(1996年)，『ウルティマオンライン』(1997年)が登場し人気を集め，『ファイナルファンタジーXI』(2002年)の発売でネットワークゲームは日本でも家庭用コンピュータゲームとして市民権を得ることになった．ネットワークゲームの楽しさの1つは，他のプレイヤーとのチャットである．冒頭で紹介した新聞記事に登場した「ファイナルファンタジー」は『ファイナルファンタジーXI』のことである．

ネットワークゲームには様々な種類があり，性のタブーに耽ることさえできる多人数同時参加型オンライン・ロールプレイング・ゲーム『Sociolotron』，郊外に住宅を建てて生活をする人生シミュレーションゲーム『ザ・シムズ・オンライン』などもある．また，花沢健吾『ルサンチマン』(2004年，小学館)などのオンライン恋愛シミュレーションゲームを扱ったコミック，深沢美潮『TETORA』(2004年，角川書店電撃文庫)などの小説も登場している．ネットワークゲームをしながらそこで出会った異性に恋をするということは，決して特別なことではないのである．

他方で，リアルな世界のなかで，人間とロボットの擬似的な恋愛関係を描き出している作品もある．人間そっくりに作られたレプリカントの女性「レイチェル」とレプリカントの捕獲を依頼された男性「デッカード」との間に生まれる愛情を描いた『ブレードランナー』(1982年 Warner Brothers，原作：フィリップ・K・ディック『アンドロイドは電気羊の夢を見るか？』1968年：邦訳1977年，早川文庫)，警察の特殊部隊員である主人公「デュナン・ナッツ」とサイボーグの「ブリアレオス」の愛情を描き出す『アップルシード』(劇場版アニメ，2004年，東宝配給；原作，士郎正宗，1985年，青心社)，その他，子ども向け人気等身大ロボットテレビ番組でもサイボーグなどの男性主人公に

[*1] WIRED NEWS 2004年12月9日「『バーチャル・ミス・ワールド』はチリ代表」
http://hotwired.goo.ne.jp/news/culture/story/20041210202.html

2.「恋するネット」の拡大

は人間の女性がつき添っている.

リアルな男女の恋愛,「ネット恋愛」, サイボーグと人の恋愛, ゲームのキャラクタへの「萌え」現象を整理すると「図7・1」のようになる. H (human being) － H (human being) の恋愛が従来の恋愛関係である. そして, H (human being) － R (robot) の恋愛が小説や映画, コミックやアニメなどに登場する人間とアンドロイドやサイボーグの間に生まれる恋愛関係である. そして, PC (player character) － NPC (non player character) の恋愛が恋愛シミュレーションゲームの世界である. PC (player character) － PC (player character) は, ネットワークゲームのユーザー同士の恋愛関係にあたる. 実は, ネットワークゲームだけでなく, 多数の出会い系サイトでもアバタ (分身) が利用されている. 女性用のアバタと男性用のアバタが用意されており, 自分の顔や髪型, 衣服や持ち物など自由に設定できる. このアバタは, ネットワークゲームのPCの役割をしている. つまり, メディアのなかとリアルな世界におけるこのような関係のなかに「ネット恋愛」を位置づけると, それはバーチャルな世界でのPC－PCの恋愛と位置づけることができる.

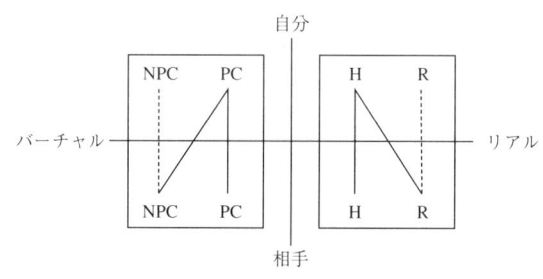

H：人 (human being) R：ロボット・電子ペット・アンドロイドなど (robot)
PC：プレイヤーが操作するキャラクタ (player character)
NPC：コンピュータが操作するキャラクタ (non player character)

図8・1 メディアと恋愛類型

これまで恋愛はリアルな人同士の間に生まれる異性愛と考えられてきた. しかし, 小説, 映画, コミック, コンピュータゲームでは, それ以外の親密な関係が盛んに取り上げられるようになっているのである.「ネット恋愛」はこれらの恋愛関係のなかの1つと位置づけられる.

ただ，リアルな人同士の親密な関係も時代とともに変化してきた．実は，その変化によって今日生まれている親密な関係が「図7・1」に示したような恋愛関係を可能にしたのである．では，次にリアルな世界での親密性の変容について取り上げたい．

3．親密性の変容と「ネット恋愛」

　アンソニー・ギデンズ（Anthony Giddens）は，親密な関係性が，「情熱恋愛」から「ロマンティック・ラブ」へ，そして「1つに融け合う愛情」へと変容していると論じた．ここでいう「情熱恋愛」，つまり情熱的な愛情とは，愛情と性的愛着が結びついたものである．前近代ヨーロッパにおいて，婚姻は経済的事情から行なわれていたものであり，農業労働力を調達する手段でもあった．つまり，婚姻は男女の性的誘引の帰結ではなかったのである．むしろ，「情熱恋愛」は，社会秩序にとって危険なものであり，結婚生活にとって始末に困るものと考えられていた．ところが，18世紀後半以降になり，「ロマンティック・ラブ」が人々の間で重要視されるようになると，「情熱恋愛」は，日々の型通りの生活から人々を解放するものと認識されるようになり，愛情と自由が，規範的に望ましい心身の状態と考えられるようになったのである．こうして，結婚が永遠のものであった時代では，「ロマンティック・ラブ」と性的結びつきは一致するようになった．そして，男性は仕事，女性は家事という領域区分により，女性のセクシュアリティは結婚生活に限定されるようになったのである．

　愛情とセクシュアリティは婚姻によって結びつくようになったが，同時に，近代的避妊方法と新たな生殖技術の普及により，生殖という必要性からセクシュアリティは解放されるようになった．その結果，セクシュアリティは個人のパーソナリティ特性として形成されるようになる．このように，自己と本質的に緊密に結びつくようになったセクシュアリティをギデンズは「自由に塑型できるセクシュアリティ（plastic sexuality）」と呼ぶ．それは，男性の性的経験を傲慢なまでに重要視する「勃起した男根」による支配からセクシュアリティを解放することを意味している．その結果，今日では，愛情とセクシュアリティを結びつけているものは「婚姻」から「純粋な関係性」へと変化したとギデンズは主張する．「純粋な関係性」とは，「社会関係を結ぶというそれだけの目

的のために，つまり，お互いに相手との結びつきを保つことから得られるもののために社会関係を結び，さらに互いに相手との結びつきを続けたいと思う十分な満足感を互いの関係が生み出していると見なすかぎりにおいて関係を続けていく，そうした状況」（Giddens 1992 = 1995：90）とギデンズは定義している．

「純粋な関係性」における愛情では，「ロマンティック・ラブ」で排除されていた性愛術が導入されることになる．このような愛情をギデンズは「1つに融け合う愛情」と呼び，「その人のセクシュアリティが，関係性の重要な要素として達成していかなければならないものの1つになっていくような愛情関係」（Giddens 1992 = 1995：98）と定義した．「ロマンティック・ラブ」は，確かに2人の男女の感情的没頭に基づいた平等主義的傾向をもっていた．しかし，現実には女性を家庭生活に隷属させることになった．それに対して，「1つに融け合う愛情」は対等な条件のもとでの感情のやりとりであり，2人の愛情のきずなは「純粋な関係性」の原型に限りなく近づくとギデンズは考える．

さらに，ギデンズは，かつては親族関係が夫婦や親子の間の信頼感にとって当然視された基盤であったが，別居や離婚が頻繁な今日の社会では，自己投入（コミットメント）が重要になっているという．そして，ジャネット・フィンチ（Janet Finch 1989）の「互いに取り決めた自己投入」という概念を引用しながら，自己投入の積み重ねが，夫婦や親子の関係性に決定的な影響力をもつようになったと論じた．つまり，夫婦や親子であるという理由からではなく，互いに相手のことが好きだから，互いに一緒に暮らすことを選んだからという理由で関係が成立するようになったとギデンズは主張したのである．

ギデンズの「純粋な関係性」は，「ネット恋愛」によくあてはまる．いつでも関係を解消できる「ネット恋愛」は，まさにお互いが十分な満足感を得ているかぎりにおいて継続するものである．リアルな人同士の親密な関係性が「純粋な関係性」へと変容したことと，1990年代以降に登場した新しいメディア利用が「ネット恋愛」を成立させたのである．

4．アニメ声優と「ネット恋愛」

「ネット恋愛」という関係を考察するうえで参考になるのが近年のアニメ声

第8章　インターネット社会の恋愛関係

優人気である．声優は，単にアニメのキャラクタに合わせて声を出しているだけではない．洋画の吹き替えの場合は，俳優自身の声が存在している．それに対して，アニメの登場人物にはオリジナルの声がない．彼女たちは，声でアニメのキャラクタに命を吹き込む．実在しないものが，声優によって初めて命を与えられるのである．アニメのキャラクタの声は声優自身の声ではあるが，もはや自分の声ではない．声優本人から切り離された声が，実体のないアイドルを誕生させているのである．ところが，架空のアイドルにバーチャルな命を吹き込む声優たちの声が，大きなうねりとなって逆流し声優自身にアイドル性を付与し始めた．アニメ声優は，一度アニメの世界という浄水器を経由することによって濾過される．その結果，声優は，今までのアイドル歌手以上に純粋なアイドルへと変身するようになったのである．

「ネット恋愛」をPC（player character）間の恋愛関係と考えると，チャットで利用されるアバタとユーザーの関係が，アニメのキャラクタと声優の関係に置き換えることができることに気がつく．現在，チャットでは文字だけでなく音声を利用したボイスチャットも多用されている．私たちは自分が作ったアバタに自分の声や文字で命を与えているのである．オンラインゲームをする際に，アバタを見て相手を選ぶことはよくあることである．また，チャットルームでは魅力的な声の女性が人気を集めている．本人から切り離された声が実体のないネットアイドルを誕生させている．

アバタを利用しない場合もある．ただ，文字だけのチャットやメール交換の場合も文章に表情がある．私たちは小説が映画化されたときにイメージと違うと感じることがある．つまり，私たちは知らず知らずのうちに文字から登場人物の顔や声をイメージしている．同じように，ユーザーは，アバタがない場合は文字や音声から勝手に相手のアバタを作り上げているのである．

そして，声優人気と同様にバーチャルなアイドルとなったPCが今度はユーザー自身にアイドル性を付与することになる．インターネットの世界を経由することによって私たちはアニメ声優のようにもう1人のアイドルへと変身するのである．「ネット恋愛」状態にあるカップルが実際に会って短期間に結婚する場合があるのはそのためである．ただ，気に入ったアニメの主人公の声優を見てがっかりすることがあるように，「ネット恋愛」の場合も実際に相手に会

ってみて百年の恋が一気に冷めてしまうこともある．

　本章ではこのようなメディア上の恋人を「インティメイト・ストレンジャー（Intimate Strangers）」と呼びたい．ギデンズが指摘したように愛情とセクシュアリティを結びつけているものは「婚姻」から「純粋な関係性」へと変容している．このような「親密性」の変容を「インティメイト・ストレンジャー」という存在は急速に進めることになる．それは婚姻関係や家族関係などの近代的な社会関係を揺るがすことになる．ただ，日常生活における社会的な地位や役割から解放され「アニメ声優化した私」と「どこの誰かということよりもっと大切なこと」という認識はきわめて近代的なものであり，そこに成立する「親密性」も同様である．つまり，「インティメイト・ストレンジャー」の登場は，近代的な恋愛関係や婚姻関係以上に「純粋な」近代的関係が登場していることを意味しているのである．

5.「複合現実社会」における「ネット恋愛」

　近年，ユビキタスネットワーク社会についての議論が盛んに行なわれている．また，それを可能にする技術も次々と研究開発されている．実は，そのなかでバーチャル対リアルという図式で「ネット恋愛」を解読する方法は修正を迫られようとしている．

　近年，「複合現実感」（mixed reality）という概念が注目を集めている．「複合現実感」は，ミルグラム（Paul Milgram 1994）らが提起した概念である．周知の通りバーチャルリアリティの技術は急速に発達し，リアルなバーチャル空間が可能になり始めている．それに対して，近年注目を集めているのが現実空間をバーチャルにする技術，リアルにバーチャルを重ね合わせる技術である．例えば，ヘッド・マウント型3Dディスプレイを装着し，手術中の患者の患部上に隠れている臓器や骨格などの映像を映し出し傷つけないように注意したり，目の前のリビングルームに仮想の家具を重ね合わせることでレイアウトを確認したりするために利用される．「複合現実感」技術の応用分野としては，医療・福祉，建築，防災，教育・訓練などの他，エンターテインメントやプレゼンテーションなど多数の分野が想定されている．このような技術を「拡張現実感」（Augmented Reality）と呼び，従来のバーチャルな世界をリアルにする

技術を「拡張仮想感」(Augmented Virtuality) と呼ぶようになった. そして,「拡張現実感」と「拡張仮想感」を総称する概念として「複合現実感」という概念が使用されている. これまでは, リアルな物質的空間とバーチャルな空間は, 分離された2つの空間であった. ところが,「拡張現実感」を可能にする技術が登場し, リアルとバーチャルは一直線上に並ぶことになった. その結果, バーチャルかリアルかという二分法ではなく, 両者は「よりリアル」か「よりバーチャル」かという程度の違いになるというのである.

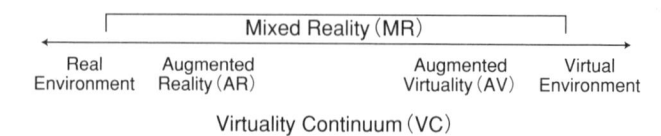

```
          ┌──────── Mixed Reality (MR) ────────┐
          ←───────────────────────────────────→
   Real        Augmented           Augmented        Virtual
Environment   Reality (AR)        Virtuality (AV)  Environment

             Virtuality Continuum (VC)
```

(出典) Paul Milgram, Fumio Kishino, A Taxonomy of Mixed Reality Visual Displays, IEICE Transacions on Information Systems, Vol E77-D, No.12 December1994.
http://vered.rose.utoronto.ca/people/paul_dir/IEICE94 / ieice.html

図8・2　複合現実感

本章では, このようなリアルとバーチャルが融合する社会を「複合現実社会」と呼ぶことにする. 現実世界と仮想世界が融合する状況をより明確に示している現象が近年世界中で発生している. それが「フラッシュ・モブ」である. それはインターネットで動員された大勢の人が公共の場に突如出現し, 台本に従って馬鹿げた行動をし, そして現れたときと同じく唐突に霧散するというものである. 例えば, 2003年の9月1日にニュージーランドのオークランド市の中心部にあるハンバーガー店「バーガーキング」に突然200人もの人が押しかけ, 1分間にわたって牛の泣き真似をしたあと, 突然立ち去った事件があった[2]. 同種の事件は日本でも発生している.

---

[2] Wired News "Flash Mobs Get a Dash of Danger", 02:00 AM Sep. 10, 2003 PT, http://www.wired.com/news/culture/0,1284,60364,00.html 邦訳は右記. Wired News (Wired Japan)「世界中に広がるモブ (群集) イベント, ときには衝突や警察沙汰も」
http://hotwired.goo.ne.jp/news/news/culture/story/20030916204.html
世界で最初のフラッシュ・モブとされている事件については, 次の報道がある.
Wired News "E-Mail Mob Takes Manhattan", 02:00 AM Jun. 19, 2003 PT
http://www.wired.com/news/culture/0,1284,59297,00.html　邦訳は右記.
Wired News (Wired Japan)「電子メールで招集,『無意味な群衆』プロジェクト」
http://hotwired.goo.ne.jp/news/news/culture/story/20030623203.html

これまでは，バーチャルな世界の虜になり，生身の人間との関係がうまくとれない若者が生まれているといった批判が多かった．しかし，「フラッシュ・モブ」ではインターネットという匿名のメディア空間がリアル空間にあふれ出しているのである．また，「フラッシュ・モブ」は一種のインターネットのオフ会である．オフ会とは，インターネットのチャットルームなどで知り合った人たちが，実際に会って楽しく話をする会合である．ただ，そこでも本名を名乗ることはない．このように「オフ会」は，リアルな空間にメディア空間を重ねるような状態と考えることができる．ただ，「フラッシュ・モブ」は，お互いのハンドル・ネームすらわからない多数の若者たちが匿名のまま集まり，楽しく会話をするわけでもなく，インターネットで決めたシナリオに従って行動し，それが終わると集合したときと同じように霧散するのである．それは，「ネット心中」と共通した要素がある．「ネット心中」は，一種の「死へのオフ会」と考えることができるが，インターネット上で自殺する時間と場所と方法を相談し，シナリオに従って実際に集団で自殺し消えていくという形式は，「フラッシュ・モブ」にも似ている．「オフ会」「ネット心中」「フラッシュ・モブ」のような現象は，リアルな世界がバーチャルになった現象である．そこでは，リアルな世界にバーチャルな関係が重ねられているのである．

　リアルにバーチャルを重ねる事例は，インターネットの2ちゃんねるで話題になった『電車男』（中野独人 2004）にみることができる．『電車男』とは，2004年2月から4月にかけて，インターネットの匿名サイトである「2ちゃんねる」の掲示板で起こっていた実際の話である．主人公の「電車男」は，常にネット上の情報を参照しながら，現実の恋愛関係を進めている．メディア空間での匿名のアドバイスに従って，現実の空間での実際の男女関係が進行していくのである．そこでは，メディア空間とリアル空間が完全にリンクしている．リアル空間とメディア空間での人間関係が重なっている．リアル空間にいる「電車男」には，リアル空間の上にメディア空間が重なり，メディア空間にいる他の匿名ユーザーには，メディア空間の上にリアル空間が重なっているのである．このような現象は，「複合現実感」が若者たちの意識の上ではすでに少しずつ始まっていることを示している．「複合現実感」を可能にする技術を人々が日常的に利用するのは，まだ先のことであると思われる．ただ，この考

え方を比喩的に利用することは，現代社会を分析するうえで有効である．
　「複合現実社会」における「ネット恋愛」を考えるうえで重要なのは「バーチャル」という概念である．「バーチャル」の語源はラテン語のvirtusで，力，エネルギー，最初の衝撃を意味している（Philippe Qu'eau 1992＝1997）．このように「バーチャル」という概念は，本来は「仮想の」あるいは「架空の」という意味ではなく，その物の本質的な部分を指している．実は，インターネットのなかでの恋愛関係の世界で，若者たちが「どこの誰かということよりも，もっと大切なことがある」ということに気がついていったのは，そこに成立する人間関係に「本質的な部分」を見たからである．つまり，メディア上で匿名性と親密性が融合したのは，メディアがバーチャルな世界を成立させたからなのである．他方で，リアルな空間では，リアルにバーチャルを重ね合わせた関係が登場することになる．もともと，対面的な状態では，私たちは外見や社会的属性から相手の人間性を予測していた．「拡張現実感」では，現実の人にバーチャルな情報を重ねることになる．それは，その人の「本質的な部分」を重ね合わせてつきあうことを意味している．つまり，バーチャルな世界とリアルな世界が融合する「複合現実社会」とは，「その人の本質的な部分」が重視される社会ということになるのである．
　リアルに重ねられるバーチャルが意味する「本質的なもの」とは，ギデンズの「純粋な関係性」である．メディアによって共有される「いまの気持ち」は，ギデンズが指摘した「平等な対人関係にもとづく気持ちの通じ合い」を想起させる．それは，「ひとつに融け合う愛情」と共通した感情のやりとりであった．つまり，「複合現実社会」で対面的な現実空間における親密性を支えるために重ねられるバーチャルが意味する「本質的な部分」とは，「純粋な関係性」の原型なのである．

6．おわりに

　本章では，「ネット恋愛」を取り上げてきた．それは匿名であるから親密になれるという新しい人間関係である．もし，匿名性を前提にしなければ親密性が成立しなくなるようなことになれば，すでに成立している対面的な親密関係はそのままでは破綻することになる．それは，マックス・キルガー（Max Kilger

1994)の言う「デジタル・ホームレス」現象が人間関係においても発生することを意味する．「複合現実社会」とは，現実空間での「私たち」が，常にメディア上での「私たち」を参照しながら関係をもつ社会である．したがって，対面的な人間関係にメディア上の関係を重ねることによって，対面的な関係において生まれた親密性の破綻や疎遠になった友人関係を修復することも可能になる．もちろん，逆の場合があるかもしれない．いずれにせよ，重要な点は対面的な人間関係にメディア上の人間関係が重ねられるということである．それは，対面的な人間関係のなかで忘れがちになる「本質的な部分」を再確認することを意味しているのである．

インターネットへの常時接続といっても，ノートパソコンを常時オンにして持ち歩いている人はいない．ウェラブルコンピュータはまだ普及していない．ところが，インターネットに接続可能であり常時オンになっているメディアがある．それは平成16年3月に契約数8,152万となった携帯電話である．インターネットが利用できる携帯電話は6,973万契約に達している．携帯電話は常時バーチャルな人間関係をもち歩くことを可能にしているのである．

メディア上で多元的で柔軟な自己を呈示することが可能な時代になったにもかかわらず，若者たちはそこに「本当の私」と「本当のあなた」との出会いを求め始めている．「本当の私」「本当のあなた」がリアルとバーチャルが融合する「複合現実社会」のなかでどのような社会現象を引き起こすのかはまだわからない．ただ，「ネット恋愛」を経て結婚するカップルはすでに登場している．彼らが結婚後もバーチャルな世界でお互いの愛情を確認しながらリアルな夫婦生活を送ることになるとするなら，「ネット恋愛」は新しい時代の幕開けを意味していることになるのである．

［付記］本論文は，平成17年度佛教大学特別研究費「移動体通信とインターネットの普及とその社会的影響に関する社会学的研究の展開」の研究成果の一部である．

引用・参考文献

浅野智彦，1999，「親密性の新しい形へ」，富田英典・藤村正之編『みんなぼっちの世界』恒星社厚生

第8章　インターネット社会の恋愛関係

閣.
Finch, Janet, 1989, *Family Obligations and Social Change*, Polity Press.
Giddens, Anthony, 1992, *The Transformation of Intimacy: Sexuality, Love and Eroticism in Modern Societies*, Diane Pub Co.（＝1995, 松尾精文・松川昭子訳『親密性の変容——近代社会におけるセクシュアリティ, 愛情, エロティシズム』而立書房）.
廣瀬道孝, 1993, 『バーチャル・リアリティ』産業図書.
加藤晴明, 2001, 『メディア文化の社会学』福村出版.
Kilger, Max, 1993, *The Digital Individual*. Paper presented at the Third Annual Conference on Computers, Freedom and Privacy, San Francisco, CA.
——, 1994, *The Digital Individual*, The Information Society, Vol.10, No.2.
Milgram, Paul & Kishino, Fumio, 1994, "A Taxonomy of Mixed Reality Visual Displays", *IEICE Transactions on Information Systems*, Vol E77-D, No.12 Dec.
Milgram, P. and Colquhoun, H., 1999, "A Taxonomy of Real and Virtual World Display Integration", Ohta, Yuichi & Tamura, Hideyuki eds., *Mixed Reality-Merging Real and Virtual Worlds*, Ohmsha（Tokyo）& Springer Verlag（Berlin）: 1-16
岡田朋之・松田美佐編, 2003, 『ケータイ学入門：メディア・コミュニケーションから読み解く現代社会』有斐閣.
Lasch, Christopher, 1979, *The Culture of Narcissism*, New York: Norton（＝1984, 石川弘義訳『ナルシシズムの時代』ナツメ社）.
——, 1984, *The Minimal self*, New York:Norton（＝1986, 石川弘義・山根三沙・岩佐祥子訳『ミニマルセルフ』時事通信社）.
舘暲, 1992, 『人工現実感』日刊工業新聞社.
——, 2002, 『バーチャルリアリティ入門』ちくま新書.
舘暲・廣瀬道孝監修, 1992, 『バーチャル・テック・ラボ』工業調査会.
富田英典, 1994, 『声のオデッセイ：ダイヤルQ^2の世界——電話文化の社会学——』恒星社厚生閣.
Turkle, Sherry, 1995, *Life on the Screen: Identity in the Age of the Internet*, Publisher: Simon & Schuster Published（＝1998, 日暮雅道訳『接続された心：インターネット時代のアイデンティティ』早川書房）.
——, 1999, "Cyberspace and Identity, Symposium", *Contemporary Sociology: Journal of Reviews*, Vol.28, No. 6, Nov.
Qu'eau, Philippe, 1992, *LE VIRTUEL vertus et vertige*, Champ Vallon,（＝1997, 嶋崎正樹訳『ヴァーチャルという思想』NTT出版）.
Walser, Randal, 1991, "Elements of a Cyberspace Playhouse", Sandra K Helsel; Judith Paris Roth eds., *Virtual reality: theory, practice, and promise*, Westport: Meckler（＝1992, 廣瀬通孝監訳「サイバースペース劇場の構成要素」サンドラ・K・ヘルセル, ジュディス・P・ロス編『バーチャルリアリティ——理論・実践・展望』海文堂）.
Waskul, Dennis & Douglass, Mark, 1997, "Cyberself: The Emergence of Self in On-Line Chat", *The Information Society*, Vol.13, No.4.
矢野直明『インターネット術語集II』（岩波新書）2002.

新 どっちの要因ショー
―経済的に成功するための重要な条件とは？―

column IV

ハマジ・マツアリーノ・Jr [*1]

1．はじめに

　ある編者からの「しょーもない」との理由で，私の原稿は章ではなく，コラムになりました．くやしい（チクショー！）ので，自分でタイトルに「章（ショーだけど）」を入れてみました．文句は言っていますが，編者の皆さんの寛大なお心遣いに感謝です．前置きはこれぐらいにして，本題に入りましょう．

　お金とは便利なものです．大金をもっていると，周りがチヤホヤしてくれます．買い物をすると，お店の人はすごく喜んでくれます．消費の快感もついてきます．モノに囲まれた「豊かな生活」が送れます．誰もが幸せになれます．

　そうです．私たちは，お金なしで生きていくことはできません．では，どうやったらお金を多く手に入れることができるのでしょうか？これが切実な問題となっています．私自身，借金で苦労しているので，言えた義理ではありません．書店に『マネー獲得術』といったHow to本が並んでいますから，それらを見てマネしてください．もしくは，アラブの石油王に弟子入りしてみては？

　私はその代わりに，人々が大金を得るために何を重要だと感じているのか，重視する要因によって生活に違いがあるのかどうか，それをお話していきます．これを知ることで，人々の社会への関わり方がよくわかるようになります．何を正しいと信じ，何のために生きるのか，そんなことも少々考えてみましょう．

　今回の調査で，お金持ちになるための手段について，「経済的に成功する重要な条件とは何か」と質問してみました．その結果を使うことにしましょう．

2．成功要因の4類型

　まず，条件を出してみたいと思います．成功の要因など，人それぞれ，山ほ

column Ⅳ　新　どっちの要因ショー

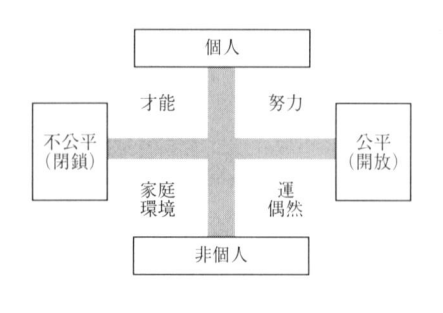

図Ⅳ・1　成功要因類型

どあるのはわかっております*2. ですので，話をわかりやすくするため，図Ⅳ・1のようなモデルをたててみました．要因としてここで示した条件は，「努力」「才能」「家庭環境」「運や偶然」の4つですが，これは適当に私の頭で決めたわけではありません．図のような2つの軸を用意してみました．

　1つ目の軸は，成功（ここではお金持ちになるということ）には，個人を大事であると考えるか，それとも，個人以外の要因（非個人）を大事であると考えるかに分かれるのでは，というものです．個人の側ですと，「努力」「才能」が大事ということになります．非個人の側ですと，「運や偶然」「家庭環境」が大事ということになります．

　2つ目の軸は，成功は社会のなかで公平に起こるもの（開放的・無作為的）と考えるか，それとも，不公平に起こるもの（閉鎖的・限定的）と考えるかに分かれるのでは，というものです．公平の側ですと，「努力」「運や偶然」が大事となります．不公平の側ですと，「才能」「家庭環境」が大事となります．

　この2つの軸を交差させてみると，4つの要因（条件）の配置が決まっていきます．で，こうなりました．成功要因は，個人に，かつ社会的に公平にあるというのが「努力」です．同じく個人に，しかし社会的に不公平にあるというのが「才能」です．非個人に，かつ社会的に公平にあるものが「運や偶然」です．同じく非個人に，しかし社会的に不公平にあるというのが「家庭環境」となります．それでは実際に，若者たちは，経済的に成功する重要な条件として，どれを重視しているのでしょうか．

3．重要な条件

　結果は，表Ⅳ・1のようになりました．1番目は「努力」となりました．若者たちは，特定の誰かさんにではなく，「努力」したすべての個人に成功が待っていると信じているのです．2番目は「才能」です．不公平に存在するものの

ようですが，個人にあるようです．その人固有の素質とか，センスみたいなものが大事だということでしょう．3番目，4番目が「家庭環境」や「運や偶然」です．若者たちは非個人以外のものに，成功は「ない」と考えているようですね．「親の七光り」や「宝くじ」といったものでお金持ちになるのは，否定的なようです．

表Ⅳ·1　経済的に成功するために重要なこと　　　　　　　　　　(%)

選択肢	1番目		2番目		3番目		4番目	
個人の努力	41.3	①	29.1	②	20.3	④	9.3	③
個人の才能	30.8	②	38.9	①	22.8	③	7.5	④
生まれ育った家庭の環境	20.2	③	15.1	④	24.2	②	40.6	②
運や偶然	7.8	④	16.9	③	32.7	①	42.6	①
合計	100.0		100.0		100.0		100.0	
N	1086		1084		1081		1081	

4．新　どっちの要因ショー；努力優先派 vs 才能優先派

引き続き，「努力」と「才能」を1番目に推す若者たちの回答傾向などを比較していこうと思ったのですが，これでは「家庭環境」や「運や偶然」を1番目に回答した人々のデータをすべて捨ててしまうことになります．これは悩みました．夕食のメニューに悩むこととは，比べものになりません．

表Ⅳ·2　「努力」vs「才能」優先対応表

| 努力優先派　N＝575 全体の53.3％ | | 才能優先派　N＝504 全体の46.7％ |

		個人の努力（経済的に成功するために必要なもの順位）			
		第1位	第2位	第3位	第4位
個人の才能 (同 努力)	第1位		才能優先 (N＝201 全体の18.6％)	才能優先 (N＝94 全体の8.7％)	才能優先 (N＝38 全体の3.5％)
	第2位	努力優先 (N＝279 全体の25.8％)		才能優先 (N＝108 全体の10.0％)	才能優先 (N＝32 全体の3.0％)
	第3位	努力優先 (N＝127 全体の11.8％)	努力優先 (N＝88 全体の8.2％)		才能優先 (N＝31 全体の2.9％)
	第4位	努力優先 (N＝40 全体の3.7％)	努力優先 (N＝26 全体の2.4％)	努力優先 (N＝15 全体の1.4％)	

column Ⅳ　新　どっちの要因ショー

　私は若者たちの最も重要視する成功条件を知りたいわけではありません．それは，もう解答が出ました．「努力」＞「才能」＞「家庭環境」＞「運や偶然」の順です．ですが，全然面白くありません．
　知りたいのはこちらです．「努力」と「才能」の2つを比べたとき，若者たちは，どちらの要因を重んじるのでしょうか．どっちの要因を優先しているか，2つのグループに分けてみます．このグループで，若者の生活意識や態度に差があるのかどうか，比較をします．要因の優先は何を意味するのでしょうか．
　表Ⅳ·2のような対応表を作成しました．最終的に全体の構成割合は，「努力優先派」53.3％，「才能優先派」46.7％となりました．1079名の回答を使うことができました．ややですが，「努力」を優先する若者が多いといえます．フェイス（属性）項目についても確認しておきました．性別，地域，年齢，職業によって，要因が偏っているということはありません．

5．サポーター登場

　それでは，データをみていきましょう．ですが，ただデータを並べて，私が解説していっても，読者の皆さんを催眠にかけるだけです．脳内 α 波の大量分泌，これは文筆業として致命的です．そこで，仲間を登場させて劇をします．
　「努力優先派」「才能優先派」として，自分の立場を代弁する応援団といいますか，サポーターに登場してもらいましょう．彼らに，データをみながら，自分の所属するグループの「良い部分」をプレゼンテーションしてもらいます．
　私は，何か問題があったときに間に入ります．それでは，しばし青年の主張をお聞き下さい（ただ，この代償として，本稿は章に昇格できず……）[3]．

6．社会観って

努力側サポーター（以下，D）；ぶっちゃけ[4]，タメ口使っていいですか？
才能側サポーター（以下，S）；いいですよ．って，タメ口じゃないですやん．
　　まあ，話しているうちに，慣れてくるでしょうから，細かいことにはこだわらず進めていきましょう．
　D；まず，日本国民として，「選挙には行くべき」です．私たちは，そのことについて大変問題を感じています．選挙権を無駄にするなんて，情け

ない．
S；私たちだって多いんスよ．そう差を強調することもないでしょうに．
D；χ^2検定の結果，5％水準で有意な差が出ていますので，そのあたりは強調しておかないと．だって，私たちの方が社会への関心が高いのですから．
S；他にどんな意見をもっているのでしょうか．教えて．
D；表Ⅳ・3が，社会観について，私たちとあなたたちとの意見の差について，示したものです．いいですか．私たちは，生活の安定よりも夢の実現を考えます．あなたたちは安定に妥協しています．「若者らしさ」がないと思いませんか．かつての青年世代がそうだったように，もっとビッシビシ怒っていかないと．だから「無気力」とか，おじさん・おばさん連中に言われたりするんです．
S；おじさん・おばさんたちは口で言うだけで，私たちに何もしてくれないのですから，言わせておけばよいのです．あなたたちの方にこそ，定職志向が強いじゃないですか．安定した生活が難しい現在，とにかくそれを確保できれば，それ以上，何を望むのですか．そうすることで，日本が変わるとでも思っているのですか．無駄なことです．「みんなで力を合わせても社会を変えることはできない」と思います．
D；結果を考えるよりも，まずは努力すること．それが一番大事．石の上にも3年とよく言われます．努力・忍耐・根性，いい言葉です．努力を放棄することが，社会をダメにしていくのです．とにかく信じる姿勢がな

表Ⅳ・3　社会観×優先比較　セル内は％

項目群	質問項目	選択肢	全体	努力優先派	才能優先派	検定
規範	「選挙には行くべきである」	賛成	83.4	85.6	80.9	*
意識	仕事を選ぶときに，夢の実現よりも生活の安定を優先する	そう	53.8	50.6	57.4	*
意識	生活ができるのならば定職に就く必要はない	そう	34.8	30.5	39.8	**
大きな社会	「日本は平等な社会である」	賛成	30.9	34.0	27.4	*
大きな社会	「みんなで力を合わせても社会を変えることはできない」	賛成	27.5	23.0	32.6	**

注）χ^2検定　*…$p<0.05$　**…$p<0.01$

column Ⅳ　新　どっちの要因ショー

ければなりません．それが一番大事．みんなで力を合わせれば変わりますよ．だって「日本は平等な社会」ですから．

S；？さっきから大事，大事って，「大事MANブラザーズバンド」[*5]かよっ！

D；……．生まれに関係なく，努力したすべての人が報われないといけないの．それが近代社会の原則だったわけだし．それを軽くみるなんて，ひどい．

S；ちょー[*6]，うぜー．

7．自己意識って

D；自分に対する質問（自己意識項目）についても，ご紹介しましょう（表Ⅳ・4）．能書きよりも，数字をご覧あれ．

S；どれどれ．「勉強や仕事に対して真剣に取り組む」の数字はと……．高っ．努力だけしても，そいつに才能がなければ，無駄でしょう．結果がダメだったとき，どう埋め合わせるの．その場その場で適当に見きわめていく方が，時間を大切にする現代では，逆に求められている生き方なんじゃないの．切り替えに気を遣いましょうよ．自分に何が備わっているか，その感度こそマスト．

表Ⅳ・4　自己意識×優先比較　セル内は%

項目群	質問項目	選択肢	全体	努力優先派	才能優先派	検定
自分について	勉強や仕事に対して真剣に取り組む	ある	83.0	87.4	77.6	**
自己意識	「自分の個性や自分らしさを探求し，発見することが大切」	共感する	71.1	73.9	67.8	*
重要にする決めごと	好き・嫌いなど自分の感覚や直感	あてはまる	68.6	65.0	73.0	*
自分について	どんな場面でも自分らしさを貫くことが大切	思う	55.6	59.2	51.6	*
自分について	音楽を聴く際には，サウンドよりも歌詞に惹かれる	そう	46.3	50.0	42.0	**
自分について	今の生活がむなしく感じられる	ある	43.6	39.8	48.4	*
自分について	感動して泣くためにビデオやマンガなどを繰り返しみる	ある	25.3	29.9	19.6	*
行動意欲	自己分析や自己啓発の本を買う	あり	24.5	27.5	20.9	*

注）χ^2検定　*…p＜0.05　**…p＜0.01

7. 自己意識って

D；感度？マスト？「自分の個性や自分らしさを探求し，発見することが大切」であることには，十分「共感」しているよ．

S；考えたってダメなの．何よりも大切なのは，その人のセンスです．何か重要な決定をするとき，「好き嫌いや自分の感覚や直感」が「大切」なのです．その瞬間のひらめきとして，何が出てくるか．それがすべてでしょう．

D；そうであるためには訓練が必要なはず．センスは急に出てくるものではないでしょう．多く時間を費やし，他の人に負けないためにも，鍛えていかなければ，抜きん出たセンスを身に付けることなどできないよ．

S；そうかなあ．どんなに時間を費やそうが，その人のタレント性がすべてだと思うけど．今流行りの言葉で「セレブ[*7]」っていうのがあるけど，彼らは生まれもっての才能があったからこそ，そうなれたわけで，誰もが簡単になれるものではない．庶民には手が届かない生活しているし．努力の不足を理由に，夢を諦めさせないことが，かえって自分自身を生きづらくさせていないかな．庶民にとっては実現可能性が異様に低いにもかかわらず，テレビや雑誌で，期待だけ煽っちゃっているのって，逆にひどいというか．

D；そういう割り切り方をすると，確固たる自分を失うことになるんだ．根拠があろうがなかろうが「自分らしさを貫く」のは「大切」だと思う．私たちは，努力を信じている反面，自分をコントロールする術も同時に得ているんだ．外部からの情報には敏感に反応しているんだ．「自己分析や自己啓発の本」にも興味があるし，「音楽の歌詞」を注意して聴いている．感情移入は大事なんだ．「泣くために映画やビデオなど繰り返し見た」りして，感情のバランスも上手にとっているんだよ．「フランダースの犬[*8]」と「火垂るの墓[*9]」はマスト・アイテムだ．いつも気を張りつめてばかりでは，やってられないのはわかっているし．目標に向けて努力することと，その結果をどう受けたらよいかといった方法[*10]は近代以降の伝統があるんだ．特に学校教育で鍛えてもらったし．あなたたちこそ，学校で何勉強してきたの．才能一辺倒でいきすぎちゃっていて，「今の生活がむなしく感じられる」ってことはないの．

S；それはない，といえないことはない，と思われない．
D；どっちかよくわからない．歯切れの悪い国会答弁みたいだね．ウケる[*11]！
S；ちょー[*12]，ムカつく！ていうか，新しい時代を見ているからね．確かに感情のコントロールとか，乗り越えるべき障害はあるよ．でも，伝統だからって信じても，きつい時代でもあることも事実でしょ．ダメだったら結局，自分が被るんだし．

8．ハーフタイムショー；紅茶とシフォンケーキでもいかがですか？

お互い持論を展開していますね．議論のことは忘れて，しばしティーブレイク．紅茶をどうぞ．特別に自家製シフォンケーキも持参しました．

このシフォンケーキのレシピですが，それは……ってこの後，本当に書いたら，編者の皆さんから半殺しの目にあいます．無念さは拭えませんが，かねてより依頼されていた「資本」について補足をしたいと思います．

資本とは，何か目的を達成するために，必要な元手のようなものです．最もイメージできるのが，経済資本，お金ですね．資本金という指標で，会社の力がわかります．資本について，本格的にそして真面目に知りたい方は，マルクスという人が書いた『資本論』か，マンガ『ナニワ金融道』をお読みください．

ただ，資本はお金だけの話ではありません．資本の前に，「人的〜」「文化〜」「社会関係〜」などと言葉がつくのですが，社会学ではそれらの方を大事だと考えています．簡単ですけれど，それぞれ紹介していきましょう．

人的資本とは，個人に備わった知識とか，技術などを主に指すものです．仕事を進めるときに人々にどのようなスキルが蓄積されているかを測定したりします（Becker 1964＝1974）．熟練技術など，訓練を重ねるほど，作業効率があがったりしますね．人的資本があるほど，そして高度であるほど，仕事に有利，職場で重宝がられるということになります．

文化資本とは，人々が所有する文化も資本の一部であるという考え方です．文化には，上流階級で好まれる文化と，労働者階級で好まれる文化があるそうです．例えば，クラシック音楽や絵画鑑賞といった趣味は，おハイソな社会では常識で，多く愛好者がいるとか（Bourdieu 1979＝1991）．片や，閉鎖的なド田舎で盛り上がる趣味の話といえば，家の改築・庭いじり・車の改造が主流で

す．そこで，仮にクラシック音楽の話などしようものなら，浮いてしまうザマス．このような文化の所有が，その個人の生まれや育ち，人柄を判断する材料となります．果ては，ある集団に所属するときに有利に働いたり，不利に働いたりと，人々の地位達成に大きく影響するといわれています．学歴・学校歴[13]というのも1つの文化資本[14]ということになります．

　社会関係資本とは，個人がもっている人間関係，ネットワークといったものを主に指すものです[15]．人脈とでもいうのでしょうか．人脈が豊富ですと，例えば転職したいとき，有益な情報を多方面からもらえることが可能となります（Granovetter 1974 = 1999）．人づきあいをうまく使いこなすことによって，自分の地位も上昇したりするわけです．また，どのような人々とつきあうかによって，集団の文化が明確になります．都市部では友人たちとの仲間集団の形成によって下位文化（サブカルチャー）が生み出されるといわれています（Fischer 1982 = 2002，大谷 1995）．このように，お金のように数値には表しにくい「関係」といったものも，実は資本といえるのです．

　いや，見えないものだからこそ，大事なのです．外見をどんなに取り繕っても，その人に備わった技術・文化・関係を隠すことはできません．地が出るとはこのことです．ボ●ギノールでは治せません．すみません．字を間違えました．ともあれ，私たちは，いろいろな資本を使いながら生活をしています．

　あれ？長々と説明しているうちに，2人とも紅茶を飲み干してしまいました．まだまだやる気みたいです[16]．あついですね．

9．友人関係って

D；ネットワークの話が出たから，人間関係をみてみようよ．若者の重視する人間関係といえば，何よりも友人とか，親友とかになるわけで．友人との関わり方に，かなり特徴的な違いがあるよ（表Ⅳ·5）．

S；私たちもそれは同感だな．これほど，わかりやすく割れるとは思わなかった．

D；やっぱり，親友とのつきあい方に欠かせないものといえば，「真剣に話ができる」だね．わかり合うためには「真剣」であることが何よりも大切だよ．「友だちと意見が合わなかったときには，納得がいくまで話し

column Ⅳ　新　どっちの要因ショー

合いたい」し，ときには「ライバルと思う」ような競争心も駆りたててくれる存在でないと．お互いを高めないとね．相手が輝いてこそ，自分も輝く．努力・友情・正義がコンセプトのマンガ雑誌『少年ジャンプ』は，かつてほどではないけど今でも読まれているし．おお心の友よ．

表Ⅳ・5　友人関係×優先比較　セル内は％

項目群	質問項目	選択肢	全体	努力優先派	才能優先派	検定
親友	真剣に話ができる	あてはまる	79.5	83.1	75.3	**
友達	友達をたくさん作るように心がけている	そう	52.0	55.1	48.5	*
友達	友達と意見が合わなかったときには，納得がいくまで話し合いをする	そう	49.8	54.0	45.0	*
友人	その場その場のノリがよいこと	重要	47.9	43.9	52.5	**
友達	友達との関係はあっさりしていて，お互いに深入りしない	そう	46.4	41.1	52.4	**
友人	相手のファッション（服装や髪型など）が自分の好みであること	重要	24.9	22.0	28.3	*
友達	おたがいに顔見知りでない友達同士をよく引き合わせる	そう	23.5	27.6	18.8	**
親友	ライバルだと思う	あてはまる	22.3	25.1	19.0	*

注）χ^2検定　*…p＜0.05　**…p＜0.01

S；はぁ？　そういう熱いところが，こちらと完全に違うというか．皆が皆そうじゃないんだ．「友だちをたくさん作るように心がける」ことを感じることが，そもそもおかしいというか．友だちを「心がけて」作ろう，そうすれば増えるっていう思考が理解できないんだよね．友だちにそこまで必死にならなくても，いいんじゃないの．そうしないと生きていけないのかなあ．

D；多くの人と知り合うことは大事じゃないか．一度しかない人生，どういう人間と関わっていくか，しっかり考えなくて，どうすんだ．それに自分が起点となって，「お互いに顔見知りでない友だち同士を引き合わせて」，仲良くなっていったりしたら，気持ちいいじゃない．友だちの友だちは皆友だちだ．世界に広げよう友だちの……

S；わ！って，それは「森田一義アワー笑っていいとも！」のテレフォンシ

ョッキング（初期）のお約束じゃないか．でも，このコーナー，プライベートな友だちを紹介するだけではなく，業界のお約束もあるんじゃない？　新番組とか映画とかの宣伝にうまくタモリを利用しているような．ところで，髪切った？

D；マネしたかっただけだろ．まあいいや．髪の話といえば，「相手のファッション（服装や髪型）が自分の好みであること」はそんなに大事かね．

S；見た目は大事じゃないか．だって，パッと見て，だいたい相手の趣味とか考えとか，わかるもんだよ．じっくり話したところで，わかりあえる保証なんてないんだから．出会った瞬間に判断していかないと．才能を重視することになると，これまであまり重視されてこられなかった関係が求められるんだ．

D；あーそうなんだ[17]．18へえ[18]．せっかくだから，教えてもらおうかな．

S；友人とのつきあいで大切なのは「その場その場のノリ」と，「あっさりした関係で，お互いに深入りしない」ことなんだ．あなたたちのように友だちに熱い関係を求めるのは，お互いある程度の時間をかけながら，いつか内面からわかりあえるようになるのが成果だと考えているからだろう．一種の投資みたいなものだね．でも，私たちにはそれがない．長期の時間展望はない．いつ才能が開花するかとか，わからないけど，とにかく自分にある才能を信じていく．そのためにもその場その場の出会いは必要だし，いちいち過去にこだわっていられない．将来もよくわからない．とにかく現存する"今"というその場を最大限に活かすことが大事なんだ．ただね，どんなに良い才能をもっていたとしても，自分一人で，どうにかなるとは思っていないよ．友人も大切だ．社会から孤立して，生活できるなんて思っていない．希望もあるよ．最近，若者が努力しないのは希望がないからだってさ．希望の格差が広がると，将来の社会が不安になる，研究者の鏡とでもいえる意見（山田 2004）もありますが，「んなこたーないっ」．

D；また森田か．うん．研究者の手鏡という事件もあったね．どおりで，お互いの求める友人イメージに差がこんなにもあるわけだ．次に友人の数についても調査しているから，実数も比較してみよう．表Ⅳ·6は，お

column Ⅳ　新　どっちの要因ショー

互いの「親友」「仲のよい友だち」「知り合い程度の友だち」の平均人数を比較したものだ．

S；その下にある比率とか，％とかは？

D；友人をすべて足して（「親友」＋「仲のよい友だち」＋「知り合い程度の友だち」），それを全友人としてみた（計100％）．それぞれの友だちがどのくらいの比率を占めているのか，同じく平均値を出して比較したものだ．友人として，どのグループが多いのか，少ないのか，その構成割合もみることができる．

表Ⅳ・6　友人の数・比率×優先比較

	努力優先派 平均値	努力優先派 標準偏差	才能優先派 平均値	才能優先派 標準偏差	検定
親友の数（合計）	3.8	3.6	4.1	6.1	n.s.
仲のよい友達の数	15.3	14.8	14.0	13.9	n.s.
知り合い程度の友達の数	40.2	55.1	33.0	46.6	*
比率；親友／（親友＋仲よし＋知り合い）	10.3	0.1	12.4	0.1	**
比率；仲よし／（親友＋仲よし＋知り合い）	30.3	0.2	31.0	0.2	n.s.
比率；知り合い／（親友＋仲よし＋知り合い）	59.4	0.2	56.6	0.2	*

注）検定は平均の差の検定　*…$p<0.05$　**…$p<0.01$

S；なるほどね．

D；実数からいくけど，「親友」「仲のよい友だち」の数に大きな差はなさそうだね．ただ，「知り合い程度の友だち」の数は，私たちの方が多い．平均で7人ぐらい多い．広いつきあいは，私たちの方がしているということだ．勝利！

S；だから，勝ち負けじゃないって．「親友」「仲のよい友だち」が極端に少ないわけでもないのだから，7人の差って強調されるけど，それが何か？

D；これが友だちの構成割合にも影響してくる．私たちは「知り合い程度の友だち」の数が多いので，全体の6割近くを占める．親友は1割ぐらいかな．多くの「知り合い程度の友だち」のなかから，「仲のよい友だち」，そして「親友」を選り分けることができる．底辺層の広がりが，親友の

発見に欠かせない.

S；でも,あんまり変わっていないじゃないか.「親友」の割合が,こちらにちょこっと高いぐらいで.そもそも,この「知り合い程度の友だち」っていうカテゴリーがよくわからないんだ.知り合えば,「親友」「仲のよい友だち」として考えてもよいはず.友だちってそういうものじゃないかな.仲がよいほどでもなく,でも友だちといえばそうかも,なーんてこの中途半端な呼び名の扱いが変だ.数ではない.少数でも友だち関係を大事にした方がいいんじゃない.

D；さっき,こっちが似たようなこと言わなかったっけ.

S；それじゃまずいな.じゃあこう変更しよう.私たちに友だちはいらない.数も関係ない.似たもの同士が希少だからネットワークが小さい.努力優先タイプとは友だちになりにくい.だから,レアな親友の比率が高まる.これでOK？ていうか,右手と左手の区別が,わからなくなってきちゃった……[19]

10. おわりに

予定の枚数を超えそうです.これ以上,バカなことを書くと,半殺しではすまなくなります.編者の皆さん,すみません.もう終わりにします.

成功要因として「努力」と「才能」,どちらを優先するかで,若者たちの考え方・態度は異なっていました.それをわかってもらうことができれば,私は満足です(本が売れるとさらに(^o^)[20].どちらの意見が優れているかとか,お笑いのレベルが高いとか低いとか,そんなことはどうでもよいでしょう.

「努力」と「才能」を推す人が,この先どうなるかわかりません.この世にはいろいろな考えをもった人がいます.異なる価値観をもった人と関わることができれば,その人の視野は広くなるでしょう.理想かもしれませんが,読者の皆さんの視野が少しでも広くなることを期待します.編者の皆さんと同じく寛大な心をもってください.

補. そんな私もサバイバル

いやー,覆面は心身ともにキツイですね.私にはお笑いと社会学で食う才能

column Ⅳ　新　どっちの要因ショー

が乏しいようです．今度は腹話術師で億万長者を目指します．声が遅れて出てくるというオリジナルな技も披露していきます．良い子の皆さんは，ネタをパクらないでくださいね*21．

　もう空想はやめて，早く借金を返さないと……．永遠にさようなら．

　　注

*1　著者についての情報は，東京在住のテレビっ子という以外，個人データはあまりにも少ない．今回のタイトル「新　どっちの要因ショー」もテレビ番組「新　どっちの料理ショー」（2006年9月終了）からの啓示を受ける．ペンネームのマッツアリーノとは，2004年に売れた『反社会学講座』（マッツァリーノ 2004）に便乗した模様．「ッ」と「ァ」の入力を教えてくれる友人が欲しいらしい．Jrについては，某芸能事務所に所属するアイドルのファンたちが間違って買ってくれるのではないかという間違った考えでつけた模様．以下，注は編集委員によるものである．

*2　「成功」研究は社会学では関心をもたれている話題．例えば，明治期・大正期・昭和初期の日本人の立身出世と教育熱の高まりをみたもの（竹内 1991）など．

*3　ここで著者は用意しておいた紺色の目の部分だけ空いた頭巾を被り，右手には牛のぬいぐるみを，左手にはカエルのぬいぐるみを装着している．

*4　10年後もこの言葉は日常で使われているのか，それとも死語になっているか……．著者曰く「プライベートで使い損ねたので，一度，使ってみたかった……」．

*5　十数年前に，「それが大事」というタイトルでヒットした曲．最近は，「あの人は今」，「24時間テレビ」等の番組で流れるナツメロ．著者と同類の「一発屋」か？

*6　これも「一度，使ってみたい」という理由で．チョーか，超かで，ちょー長考．

*7　叶姉妹は何をしている人たちなのだろう？ 彼らをセレブと言ったのは誰だ？

*8　最終回の場面が，懐かしアニメ特集番組で放映．「クララが立った」とセット．

*9　8月あたりによくテレビで放映される．戦争の悲惨さが伝わる．DVDを観よう．

*10　人々に努力させるしくみ（＝文化装置），その綻びについては奥村（1997）．

*11　会話の流れ上，つまらなくても「ウケる」と言ってあげるのは「やさしさ」か？「やさしさ」だ！

*12　時々繰り返す癖あり．お笑い業界で「てんどん」というやつ．やりすぎは逆効果．ドン引きされる．

*13　高卒，大卒，大学院卒などの教育機関卒にこだわるのが「学歴」．A大卒，B大卒，C大卒などの出身校卒にこだわるのが「学校歴」．偏差値や就職先が指標になる．

*14　ブルデューによると，文化資本の3つの型として，「身体化された資本」，「客体化された資本」，「制度化された資本」があるという．世の中は文化資本でいっぱいだ．

*15　社会関係資本を説明した文献として金光（2003），渡辺（2002），林（2004）がある．

*16　紅茶がこぼれ，両手は熱湯コマーシャル状態に．「殺す気かっ！」に冷笑．

*17　熱く語る→この一言で返される→コイツ本当は興味ないんだろうなあと思う今日この頃．

*18　テレビ番組「トリビアの泉」（2006年9月レギュラー放送終了）より．些細な知識を広め合う企画．パネラーはその知識に感動した場合，手元の「へぇ」ボタンを押す（1人最大20へぇ）．我

らのタモリも活躍.「へえ」ボタンは玩具会社バンダイより市販されている.以上,補足トリビア.
* [19] 「注の*[3]をもとに各自想像してください」とのこと.「もしくは,パペットマペットというお笑い芸人のネタを見て」とネタばらし.10年後にはお笑い業界でサバイバルしているのだろうか?
* [20] 本文中に顔文字はどうかと思う.本稿はコラム扱いにつき,どうか大目に (^_^;).とのこと.
* [21] 本コラムのネタ元が濱嶋(2004)だということは,触れないようにしておこう.

参考文献

Becker, G, 1964, *Human Capital,* National Bureau of Economic Research = 1976, 佐野陽子訳『人的資本』東洋経済新報社.
Bourdieu, Pierre, 1979, *La Distinction Critique Sociale du Judgement,* Editions de Minuit = 1991, 石井洋次郎訳『ディスタンクシオン(ⅠⅡ)』藤原書店.
Fischer, C. S 1982 *To Dwell Among Friends: Personal Networks in Town and City,* The University of Chicago Press = 2002, 松本康・前田尚子訳『友人の間で暮らす:北カリフォルニアのパーソナル・ネットワーク』未來社.
Granovetter, M, 1974, *Getting a Job,* The University of Chicago Press = 1999, 渡辺深訳『転職』ミネルヴァ書房.
濱嶋幸司,2004,「経済的に成功する条件:「努力」と「才能」の違い」『都市的ライフスタイルの浸透と青年文化の変容に関する社会学的分析』,pp.375-389.
林永彦,2004,『韓国人企業家:ニューカマーの起業過程とエスニック資源』長崎出版.
金光淳,2003,『社会ネットワーク分析の基礎:社会的関係資本論にむけて』勁草書房.
奥村隆,1997,「文化装置論に何ができるか:人に努力させる仕組み」奥村隆編『社会学に何ができるか』八千代出版,pp.297-339.
大谷信介,1995,『現代都市住民のパーソナル・ネットワーク:北米都市理論の日本的解読』ミネルヴァ書房.
パオロ・マッツァリーノ,2004,『反社会学講座』イースト・プレス.
竹内洋,1991,『立志・苦学・出世』講談社現代新書.
山田昌弘,2004,『希望格差社会』筑摩書房.
渡辺深,2002,『経済社会学のすすめ』八千代出版.

著者の設定・発言には,いくつかのフィクションも混じっております.本気にされても困るので,そこは適当に笑い飛ばすなどしてください.
ただし,データ,参考文献,テレビ番組名,芸人名は,すべて実在のものです(2006年2月時点).

(付記)10年後には確実に化石化するコラムです.でも,誰かがやらないといけないんです.ただ,誰にも頼まれていないのですが,初版1刷で,すげー怒られました.その後,『泣いた赤おに』を読んで反省中.

おわりに

　本書は，筆者らが所属する青少年研究会において，1992年からスタートした前回調査からほぼ10年の間に行なわれた議論，および2002年に行なわれた調査結果をめぐるやりとりの蓄積から生まれたものである．

　この10年という間，社会では様々な大きな出来事・事件があった．インターネットや携帯電話の急速な普及，バブル崩壊後の平成大不況，国内外で起きた未曾有のテロ事件，多数の死傷者を出した大震災，等々．「現代社会は変動期にある」というのは，いつの時代もある意味で社会学者の常套句であるが，それにしても，政治，経済，文化等，本当に様々な領域において大きな出来事があいついだ10年間だったように感じられる．

　そんな時代のなかにあって，高い感受性をもつとされる若者たちが，どのように生き抜き，どのような価値観を身に付けてきたのか．それを探ろうという試みは，容易なものではない．しかし，とりわけ，親密な他者との関わり方に着目したときに姿を現わしてくる，彼・彼女らの実像の一片は明らかにすることができるのではないか．私たちは，そんな"野望"を抱きながら，それぞれ執筆してきた．その結果が，どのように実を結んでいるのか？判断は読者のみなさんに委ねるしかない．だが，本書をきっかけに，若者たち自身，および彼・彼女らを通して見えてくる社会のありようについての議論がさらに深まっていけば，執筆者一同これに勝る喜びはない．そして，他者の存在とは切り離すことのできない「私」として，若者たちがどのようにこの現代社会をサバイブしていくのか，その関わりのあり方へと着目していくことは，これからも引き続き私たちの課題だと思っている．

　最後に，本書のベースとなった質問紙調査，およびインタビューに協力してくださったみなさまに改めて感謝の意を表したいと思う．また，若手研究者中心の良く言えば意欲的，悪く言えばわがままな企画を快く引き受け，出版まで辛抱強くご助力くださった恒星社厚生閣編集部の片岡一成さんにお礼を申し上げたい．

　　2006年1月

編著者一同

索　引

ア行

愛情イデオロギー　79
悪循環　57
浅野智彦　5
東浩紀　12
アニメ声優　141
アバタ　142
アンドロイド　139
一夫一妻制　80
インターネット　26
インティメイト・ストレンジャー　143
イデオロギー　79
エリクソン, E. H.　4
遠藤薫　6
オタク　20
オフ会　145
親子関係　91
オンラインゲーム　136
オンライン・コミュニティ　121, 125

カ行

回避儀礼　124
χ^2検定　153
下位文化（サブカルチャー）　157
拡張仮想感　144
拡張現実感　143
加藤篤志　15
香山リカ　3
身体　34, 39
　——改造　39
　——改造ブーム　41
記号的消費　42

ギデンズ, A.　5
希薄化　19
共感的理解　18
近代社会　154
携帯電話　26
ケータイ　34
高度経済成長期　95
コミュニケーション・サバイバル　13
コミュニケーション・スキル　15
コミュニケーション・メディアとしての身体　39
コンサマトリーな利用　88

サ行

再帰性　5
サイボーグ　139
自己　34
　——と他者　4
　——の状況下　9
　——の流動化・多元化　4
　——否定感　58, 65, 66
自分探し　44
自分らしさ　31
　——のジレンマ　35
自分を知る者　61, 63-65
資本　156
社会化機能　20
社会学的アプローチ　19
集団　25
自由に塑型できるセクシュアリティ　140
重要な他者　34, 51
主観的意味　20

167

索　引

純粋な関係性　5, 140
情熱恋愛　140
共振的コミュニケーション（シンクロナル）　12
人口学的転換　93
親密　34
　　——感　123
　　——性　143
　　——な関係　64, 122
　　——な他者　34
ジンメル, G.　4
信頼　123
心理学的アプローチ　19
心理主義化社会　42
スティグマ　59
成功　149
制度的規範　88
世界青年意識調査　18
セレブ　155
選択化　19
選択可能性の増大　77
選択がもたらす内閉のパラドックス　28
選択的関係　10
選択的コミットメント　22
総合的アプローチ　23

タ行

対人恐怖社会　17
対人満足社会　17
脱青年期論　93
タモリ　159
小さな大人　94
辻大介　5
出会い系　87
　　——サイト　87
出会いの文化　85

呈示儀礼　124
デジタル・ホームレス　147
電車男　117, 145
土井隆義　12
東京都青少年基本調査　15
動物化　12
匿名性　137
閉じこもり　56

ナ行

鍋田恭孝　50
2ちゃんねる　117
二面性の使い分け　62
ニューファミリー　95
ネット心中　145
ネット恋愛　136
ネットワーク　157
　　——ゲーム　135
ノーマルな外見　60
non player character　139

ハ行

パーソナル・メディア　25
バーチャル　146
ハイケン, E.　43
パソコン通信　125, 126
バッシング　59
パラサイト・シングル　91
晩婚化　93
ひきこもり　20
　　——の悪循環　66
　　——の定義　55
非正規雇用者　99
1つに融け合う愛情　141
美容整形　39

索　引

複合現実感　143
複合現実社会　144
複数恋愛　83
フラッシュ・モブ　144
フリーター　99
ブルデュー, P.　162
player character　139
プロテウス的人間　4
文化装置　162
文化的目標の型式　88
蛇にピアス　39
ボードリヤール, J.　42
本当の自分　44

マ行

マッチングサービス　136
見合い結婚　85
ミード, G. H.　4, 50
未婚化　89
宮台真司　12

みんなぼっち　48
萌え　137
モバイル・コミュニケーション研究会　11, 14

ヤ行

友人　159
　──関係の「自由市場化」　25
緩やかな恋愛　82, 84, 85

ラ行

ライフコース・アプローチ　92
離家　92
リフトン, R. J.　4
恋愛　77
　──アノミー　88, 88
　──結婚　77, 85
　──シミュレーションゲーム　137
ロボット　138
ロマンティック・ラブ　140

執筆者紹介（50音順）

石川良子（いしかわ・りょうこ）　横浜市立大学非常勤講師
岩田考（いわた・こう）　桃山学院大学社会学部准教授
菊池裕生（きくち・ひろお）　盛岡医療福祉専門学校講師
辻泉（つじ・いずみ）　松山大学人文学部講師
苫米地伸（とまべち・しん）　東京学芸大学非常勤講師
富田英典（とみた・ひでのり）　関西大学社会学部教授
羽渕一代（はぶち・いちよ）　弘前大学人文学部准教授
ハマジ・マツアリーノ・Jr
（はまじ・まつありーの・じぇいあーる）　「ふざけたペンネームを使用する会」副代表
福重清（ふくしげ・きよし）　明治大学・茨城大学非常勤講師

版権所有
検印省略

若者たちのコミュニケーション・サバイバル
― 親密さのゆくえ ―

| 2006年3月1日 | 初版1刷発行 |
| 2007年10月1日 | 2刷発行 |

岩田 考・羽渕一代・
菊池裕生・苫米地 伸　編

発行者　片岡　一成
印刷・製本　株式会社シナノ

発行所／㈱恒星社厚生閣
〒160-0008　東京都新宿区三栄町8
TEL：03(3359)7371／FAX：03(3359)7375
http://www.kouseisha.com/

（定価はカバーに表示）

ISBN978-4-7699-1034-3　C3036

東京人の横顔

高橋勇悦 著
A5判/176頁/並製/定価2,835円（本体2,700円）
7699-1009-6 C3036/000-00000-00

粋でいなせできっぷがいい「江戸っ子」を名乗るには三代の江戸暮らしが条件。では，今，大都市TOKYOを構成する人達はどういう人々か？著者は学者としての冷静な視点に加え「顔が見えない冷淡な群衆・東京人」ではなく「まごうかたなき庶民・東京人」の姿を捉えようとする。

みんなぼっちの世界
―若者たちの東京・神戸90's 展開編

藤村正之・富田英典 編
A5判/120頁/並製/定価2,100円（本体2,000円）
7699-0888-1 C3036/002-00149-00

〈みんなぼっち〉とは若者たちのコミュニケーション状況を象徴的に捉えようとする言葉。おとな世代からみると彼らの円滑なコミュニケーション範囲は驚くほど狭い。しかも内部は決して濃密ではなく親しさと希薄さが漂う〈ひとり〉のみんなが集まっている空間。各種データからその実態に迫る。

都市青年の意識と行動
―若者たちの東京・神戸90's 分析編

高橋勇悦 監修
川崎賢一・芳賀 学・小川博司 編
B5判/280頁/上製/定価6,825円（本体6,500円）
7699-0800-8 C3036/002-00053-00

現代の青年が生まれ育った時代は，誰もが「豊かな生活」を享受するようになった時代であり，この時代を解き明かす鍵は「世代」と「都市」であると考えられる。著者らが，東京と神戸の青年を対象として，人間関係・メディア接触行動・意識の準拠などを調査した結果を多角的に分析し，解説。

消費文化とポストモダニズム 〈全2巻〉

M. フェザーストン 著
川崎賢一・小川葉子他 編著訳

上巻：A5判/178頁/並製/定価2,625円（本体2,500円）/7699-0986-1 C3036/002-00177-00
下巻：A5判/178頁/並製/定価2,415円（本体2,300円）/7699-0970-5 C3036/002-00178-00

消費文化の変化しつつある性質は，現代社会が「ポストモダン」の方向へと移行しつつあるという主張に存する。消費社会のルーツは何か，いかに定義され分化していったか。現代の社会理論家達を検討し，現代消費文化のリアリティの本質へと結びつけ捉えた名著の全訳。

地域再生の思想と方法
―コミュニティとリージョナリズムの社会学

内藤辰美 著
A5判/304頁/上製/定価4,095円（本体3,900円）
7699-0950-0 C3036/002-00167-00

70年代以降の利潤追求型の都市政策により都市のコミュニティは崩壊し，我々の日常から生命感覚が喪失した。その現在の都市コミュニティの位置づけを明らかにするとともに，大都市の青少年の意識や行動・市民と都市と文化行政などを取り上げ，大都市の歪みからくる人間性の崩壊を検証。

漂流する少年たち
―非行学深化のために

清永賢二 著
A5判/188頁/並製/定価1,890円（本体1,800円）
7699-0835-0 C0037/002-00119-00

巨大都市東京の，渋谷・センター街，原宿・竹下通り，代々木・公園前道路に群れる少年たちを，10年以上にわたって凝視しつづけ，分析しつづけた著者渾身のドキュメント・ファイル。数千枚にものぼる写真の中から，印象的かつ象徴的なものを百数十枚にわたり収録する。

恒星社厚生閣